U0021891

心態史拓撲學

如何面對當代？
如何理解歷史？

劉紀蕙 著

目次

人文新猷叢書總序

中央研究院／中國文哲研究所所長

黃冠閔

　　本叢書的構想乃源自國科會人文處（原「科技部人文司」）規劃推動案「臺灣人文社會的價值基礎：多元性與價值衝突的反思與研究」研究計畫，自2019年9月1日起為期三年，由於執行期間遭遇全球性的重大疫情新冠肺炎流行，也因此延後一年結案。部分計畫成果規劃以出版形式發表，因此，有此叢書的策劃。此叢書「人文新猷」之命名蒙中央研究院鄭毓瑜院士惠賜，標示出人文研究在進入21世紀後面對世界重大變革所必須有的轉型與展望。鄭院士擔任科技部人文司司長時即規劃此案，此乃鑑於人文學者必須與時俱進，以厚積學識貢獻於世界，並針對價值問題適時發言。因此，計畫構想便從價值基礎角度切入，面對臺灣及世界中的各種價值衝突經驗，以檢視多元性的社會組成及互動為基本原則而展開。

　　人文思想並非單純的描述經驗，同樣也關注經

驗中可引為楷模的規範性，具有價值奠基的意義。
因此，本計畫根植於臺灣在世界中的具體生存處
境，以臺灣為發言位置，關注自身及周遭的互動，
從人文價值作為國家戰略的高度來檢視社會與文化
的多元層次，珍視民主經驗的實驗創新，更新傳統
而面對未來，思索這些獨特經驗如何對於我們具體
生活所在的世界有所貢獻。

　　概括地說，本計畫的主旨是：（一）危機與福
祉：以人類共同生活的福祉為前提，根據臺灣與
世界的互動中所凝聚的具體思想、文化、知識創
造、社會實踐經驗，回應人類生活的危機與希望；
（二）對話與理解：正視當代社會中科學技術創新
的脈動，以對話、回應、診斷的多重角度來提取現
代多元化社會中人類生活的自我理解；（三）批判
與創新：闡發人文價值，批判地連結傳統資源以轉
化出新詮釋，面對新問題及新變局，創造新觀點，
以樹立人文科學的研究意義。

　　在計畫主旨的目標下，本計畫的執行是根據
人文領域的多元性，邀請跨領域、跨學科的學者專
家參與，以價值的衝突、多元性、規範性為引導線
索，檢視既有的研究成果，並鼓勵學者提煉核心概
念，提供一些指引性的思考經驗、乃至於建構具獨
特觀點的理論論述，期望為人文領域的研究創新貢

獻力量。本「人文新猷」叢書便是作為計畫成果的發表。

呼應於計畫的主軸，本叢書規劃出版具標竿性質的一系列專書，內容既帶有研究者的回顧視野，也帶有對未來的指引。撰稿作者為專長領域長期耕耘的研究學者，熟稔於其專長的議題領域，也對既有研究的背景相當了解，有其解讀的圖景。但叢書設想的潛在讀者是在狹窄專業以外的一般讀者，邀請更廣大的讀者群建構一個公民的知識體，因此，本叢書邀稿時，便設定為較短篇幅，精要地剖析核心概念、陳述學理、概括分析經驗。此一設定是希望作者長期累積的學識能夠接觸到跨領域的讀者，藉著小書勾勒出人文研究的部分樣本，在結集成書、成為一系列時，產生相互觀摩的效果。故而，此叢書的書寫方式避開大部頭的系統完整性，既不同於期刊學術論文的詳注細推，也不是如教科書般的充分介紹，而是精挑一個焦點，以作者長期累積的研究經驗勾勒出特定的核心概念。通盤地看整套叢書，由於不同學者的學科專長和關心的角度差異，會有不同的涵蓋層面交疊，雖然必定不是完整涵蓋，但也有焦點精華的呈現，在整體的跨領域面貌下，則可以反映出每一個世代的智慧結晶，標示出每一個世代的特殊關心處，能夠對於後來繼起的

世代有醒目可辨認的效果。

　　不論是作為國科會規劃推動案或是本叢書的企劃，短時間的成果乃是拋磚引玉。在初期的執行上採取邀稿方式進行，但未來希望有更多的主動書寫出版。真正目的是希望人文學者更勇於進行社會溝通，提出對於我們身處的世界、時代、社會文化條件的批判，導向細緻多元的理解，展示人文研究的豐富意義。

序

　　在這本小書中，我替自己設定的工作，是要說明我如何定義過去多年所進行的心態史拓撲學研究，也要說明心態史拓撲學的方法論。

　　從2000年出版的《孤兒・女神・負面書寫》，2004年的《心的變異》、2010年的《心之拓撲》，到2020年的《一分為二》：這四本書的思考路徑與撰寫過程，讓我發展出了心態史拓撲學的視角與方法論。

　　在這個過程中，我首先以及持續要解決的問題，就是如何思考當代？這意味著要回答我如何理解歷史，以及其後遺與持續的效果為何以及如何作用於當代？換句話說，我處理的問題是，臺灣在二十世紀經歷激烈認同轉折與撕裂的歷史過程，以及以民族國家為倫理主體依歸所建立的知識範式，如何塑造一個時代的主體認同，導引出國家的治理模式，造成其融入或是排除機制，以及在當代社會與文學藝術作品中看到的感性後遺效果。

　　更根本的問題是，一個時代的政治局勢以及知

識體系，如何在其物質環境下，以辯證的方式，影響了同時代的知識工作，並牽動了後續幾個世代的心態結構？或者，換一種說法，思想史的同時代與跨時代的相互對話中，如何發生了從認識論範式到感覺結構的迴圈，而讓我們觀察到了同位轉移變形的動態拓撲歷史空間？

我認為我的研究屬於心態史（history of mentalities）的工作。心態史的代表性學者，包括馬克·布洛克（Marc Léopold Benjamin Bloch），米歇爾·伏維爾（Michel Vovelle），芒德魯（Robert Mandrou），雅克·勒高夫（Jacques le Goff），金茲伯格（Carlo Ginzburg）等人。這些學者認為，思想史、政治事件或是編年史無法完全解釋歷史的過程，他們會著重長時段歷史過程中日常生活的細節，例如文學作品、傳記、雜誌、圖像、器具、電影、海報等物質現實的微觀史料，來勾勒整體的常民集體心態。勒高夫就曾經指出，若要探討一個時代的整體狀態，便要進入更為細節的地方系統，掌握一個社會文化所產生的各種次檔案，以便從個體的心態理解一個世代所共享的集體想像，以及複雜曖昧的整體心態史（Jacques le Goff, "Mentalities: a history of ambiguities." *Constructing the Past: Essays in Historical Methodology*, 1985）。

　　然而，我的工作並不停留在收集各種微觀歷史細節檔案的階段。相反的，我對於佛洛依德與拉岡的長期閱讀，使我對於文字、敘述與圖像有特殊的敏感度。對我而言，文字與圖像的背後，總是有著複雜的動態辯證張力，牽動了不同的歷史脈絡與心理地層，值得我們進一步思考。文獻表面的內容或許能夠為我們提供某一些面向的資訊，卻無法為我們解釋為何這些文本呈現了內部的矛盾或是意義的斷裂，也無法說明其生產機制。如果我們僅從文本表面進行閱讀，無論是多麼龐大的資訊，都會將這些複雜歷史以及產生文本的迂迴辯證機制切斷。我們必須在不同底層之間進行交叉閱讀，並且進一步說明這些文本中的矛盾對立為何在此處被生產出來，解釋背後曲折的歷史過程與心理機制是如何發生的，才能夠獲得關於心態歷史較為完整的理解。

　　因此，我提出了心態史拓撲學的研究路徑與方法論。我從眼前的現實出發，思考當前社會向我們提出的難題，以及這些難題是如何在複雜而漫長的歷史過程中構成的。我挑選具有代表性的細節碎片，進行深度交叉閱讀，例如舞臺上的布景與舞姿，電影畫面的觀看角度與構圖取景，雜誌中的插圖與文字的扞格，文字中的圖像與修辭的延伸空間，同時代或是跨時代相互交錯的文化論戰，大眾

知識傳播的悖論等等。我的目的不在於尋求具有一致性的整體，而是希望描繪出牽涉了不同的主體位置、矛盾情感與複雜圖像的曲折路徑：一個有歷史縱深而立體動態的拓撲空間。當我從文字、圖像、色調、線條的細節出發，隨著各種印跡，透過層層疊疊交錯的底層，追索著一個又一個的迴圈時，我已經逐漸摸索出表面之下如何浮現出似乎無關卻遙遠相聯而或隱或顯的線索，也透過拓撲的路徑，深入了歷史心態的不同角落。

我認為，心態史拓撲學的方法論，可以協助我們探索特定歷史時空之個體與集體的感性拓撲結構，展開具有歷史縱深的思想史拓撲考掘，更可以從社會空間發現個體可以啟動政治拓撲動力的潛力。這個政治拓撲動力可以從文學、藝術、影像啟動，更可以從哲學思想啟動，而其所打開的空間則永遠是突破現有壓迫性共識的新的空間。

我選擇從佛洛依德與拉岡的主體拓撲學出發，延展而擴及阿圖塞、傅柯以及阿岡本所展開的話語權力的拓撲分析以及知識的考掘學，原因是我認為個體的感知結構與主體狀態，必然鑲嵌於集體的文化脈絡與社會條件之中。阿圖塞的複雜系統與多重決定，以及傅柯與阿岡本的「知識─權力─主體」或「真理─機構─倫理」的三環拓撲結構，呼應了

拉岡提出的「想像—象徵—真實」的動態拓撲辯證關係，也說明了佛洛依德所說明的正向與負向並存的張力。我也認為，從拉岡到巴迪烏以各種圖式所提出的拓撲學以及集合論，可以作為思考的暗喻模式，進一步啟發我們探討個人到集體的拓撲環節之間政治動力的可能性。

這四本書的書寫計畫，是一個回溯式的思考工作。我從二十世紀中後期臺灣島內解嚴前後的激動時刻開始探索，循著一個又一個的迴圈，向上回溯。我最初關注的問題是，二十世紀最後二十年的臺灣島嶼上，為何發生了嚴重的內部認同分裂以及民族情感對象轉變的問題？《孤兒・女神・負面書寫》中，我進行的工作是二十世紀1980年代臺灣島上不同形態文化符號展演的症狀式閱讀，並且回顧日治時期到戒嚴時期面對言論思想控制與思想禁錮，以及前後不同時期相應而生的超現實主義思潮與文學藝術創作。《心的變異》中，我討論的是二十世紀現代性的精神形式如何在上半個世紀以不同的民族國家主義以及法西斯心態展現，而構成了不同時代的主流論述與藝術史觀。《心之拓撲》中，為了解釋這種民族國家主義心態的構成，我開始思考知識範式的問題。我開始探索1895年事件後的倫理話語重構與知識範式轉型，以及這個知識

結構如何持續影響了二十世紀的現代國家與民族主義的觀念結構，並且延續到臺灣1990年代新形態的本土民族主義情感。《一分為二》這本書中，我回到臺海兩岸對峙的局面，面對「一分為二」這個蘊含著思想革命以及思想僵化的關鍵概念，進行現代中國政治思想的哲學考掘學。

我選擇以「心」作為人之所以有感受而被激動的主體位置，探討「心」的姿態如何在不同的歷史時刻展現，因為在中文的脈絡下，「心」十分適切地解釋了綜合思想情感與意識面向的心靈活動。激動的「心」被時代語言與論述所構築，促成文字、影像、制度、法規以及政治行動的發生，也構成了心態的不同面貌。

對我而言，「心態史」並不僅只是指向知識與文化等意識形態領域的問題。我們在文字中描述與感受的心之所憂、心之所樂、心之所向、心之所專、心之所固、心之鬱悶、心之蕩漾，說明了一個時代的歷史及社會的心態趨向。我們可以分析時代語言與論述如何使「心」激動，如何誘發「心之法則」，如何倡導「心的革命」，如何形成特定文化模式，如何透過視覺圖式的細節而呈現心思感受的樣態，如何以文藝政策鞏固「心」的領域，如何規範了正義與倫常的倫理秩序，而導引「心」之行

動；甚至，因為被不同時代的語言結構賦予不同意義，而更為複雜，例如，「心」如何被有機論的統合範疇介入，而必須洗滌「夷狄之心」，清除內心之不潔，以便表示忠誠。這些話語機制強化了政治的操作，而形塑了「心的政治」以及「心的治理」之問題。

我清楚地理解到，所有主體所涉及的問題，首先仍舊必須從語言出發。我個人的知識譜系貫穿著從佛洛依德與拉岡的精神分析理論，到馬克思、尼采、海德格、巴岱伊、阿圖塞、德勒茲、傅柯、巴迪烏、洪席耶、巴里巴爾、阿岡本等思想家。這些思想家提出的問題與視野吸引我的原因，是因為這些問題十分靠近我自己的問題意識以及思考路徑。在扣緊中文脈絡的歷史過程與社會脈絡的思考過程中，這些思想家的視野也激發我重新思考：中文脈絡的知識體系如何在不同的地緣政治以及全球狀況之下，激發了種種不同的主體情感、藝術創作、文學空間、哲學思維？如何造成了社會內部感覺結構與認知體系的劃分機制？如何衍伸出了不平等的權力對待關係與層層體制？這些具有悖反張力的心態，又如何延續而在隔代復出？我也要回答自己一個重要的問題：中國的思想傳統是否有解放性的批判空間與思想資源？

　　透過這本小書，我會解釋這些階段性研究如何在「主體感性結構—知識話語權力—政治性例外空間」三環相互扣連的拓撲結構之間來回碰撞，以及為什麼總是必然從文學與藝術的場域出發，或是回到文學藝術文本。透過這些迴圈，我試圖觀察時代性的心態結構，分析心態結構內部與外部的形塑因素，以及構成心態樣貌遙遠卻又是穩固底層的知識體系。這些思考同時也會說明環繞著二十世紀臺灣海峽兩岸複雜的政治狀況與政治無意識、幾波民族主義的興起，不同治理模式之下的主體心態，背後知識形態的轉型如何以及為何發生，以及其所鋪陳出複雜的心態史。

　　在這個過程中，對我個人而言，最為意料之外的收穫，是我從晚明思想家方以智以及晚清思想家譚嗣同與章太炎的著作中，以及他們所援用的莊子、老子、華嚴宗、唯識宗，而發現了新的理論視野以及批判分析的方法論。方以智是我完成上述四本書之後所接觸到的思想家，然而他為我延續並且展開中國思想傳統是否具有解放性的批判空間與思想資源的新視野。方以智所提出的「均」與「餘」的辯證概念，以及「疑人之所不疑」的批判態度，解釋了從莊子、佛家思想到譚嗣同與章太炎的批判傳統。譚嗣同受到莊子與華嚴宗的啟發，提出了

「心力」的微生滅所展現的思想辯證之拓撲空間，
對共名、共善與畛域進行批判，並且以「一多相
容」說明的「心」的無限性，變與平等的原則，以
及以「通」為「仁」的必要性。同樣的，章太炎以
唯識學、莊子與中國傳統思想相互闡發，提出「萬
物皆種、無盡緣起」的緣起本體論，「觸相生心」
與「分支復變」的認識論批判，「譏上變古易常」
的唯物辯證批判史觀，以及「諸法平等」的命題。
方以智、譚嗣同與章太炎的思想，能夠讓我進一步
地說明唯物辯證的心態史拓撲學，以及拓撲思想的
政治性例外空間。

　　此處，我要先提出我對於唯物辯證方法論所
下的定義：「唯物辯證」是指「因物」啟動的持續
辯證運動。「唯」不是獨一，而是「因」、「依」、
「以」。「因」物而啟動的辯證轉化運動，說明了心
靈意念依附身體而運作，以及心靈回應物質世界的
持續轉化，同時兼含莊子與佛家的視野：既是方以
智所說的「均」與「餘」的相依相存、可交可輪；
亦是譚嗣同所說，心之生也必有緣，必有所緣。緣
與所緣，相續不斷；更是章太炎所說明的觸受生
心、物質世界相互緣起。此處，身體是心靈啟動的
感受源頭與物質載體，而物質世界是心靈的話語作
用與機構體制的實踐場域。物質與心靈相因相成。

感受思想與心態結構都源於身體在特定歷史時空所承受以及依循的符號法則，也會繼而自動闡釋創發層層複疊的觀念法令與制度機構。這種體制性的物質現實，以正向或是負向的運動，模塑出種種心靈的感受結構。唯物辯證正負並存的迴圈，將可以說明我在這本小書中所說明的心態史拓撲學，以及感性拓撲、歷史拓撲以及政治拓撲三環扣連的拓撲空間。

各章將依照以下方式發展：

第一章說明我對於「心態史拓撲學」的定位。我將從佛洛依德與拉岡銜接到阿圖塞、傅柯、阿岡本與巴迪烏，解釋拓撲學的概念。雖然這些思想家對於「主體」有不同的詮釋角度，但是，他們所共同依據的立論基礎，都是構成主體的表象結構與話語模式，而出現正向或是負向的主體表現與主體行動，可以說明心態史拓撲學的複雜狀況。

第二章解釋心態史地形變化中知識範式轉型的歷史縱深與多重拓撲軸線。我透過十九世紀中後期中文脈絡的知識範式轉型，說明這個知識範式如何造成倫理政治經濟學的奠基，以及二十世紀現代國家「心的治理」之話語模式，並且解釋這種知識範式為何反覆出現，顯現於當代，而影響了不同的主體位置與心態樣貌。

　　第三章從心態史感性拓撲結構的時代脈絡與複雜底層空間切入。二十世紀現代國家的歷史過程，強化了將主體納入國家框架的倫理政治經濟學治理技術，而牽動了所有個人的感性結構。本章討論我如何從當代臺灣藝術家與詩人的作品中，探討其感性拓撲空間中「心」的逃逸路線。

　　第四章從方以智、譚嗣同與章太炎的啟發，討論古典中國思想傳統中如何透露出從既定思維框架中奮力推出例外空間的辯證批判思想力量，以及其所蘊含的拓撲政治空間。此章雖然以中國思想傳統為對象，但是，這些思想家所打開的政治性例外空間，也提供了文學藝術思想拓展具有獨一性政治空間的模式。

　　由於這套心態史拓撲學的理論架構，是在撰寫這四本書的過程中逐漸形成，因此，在這本小書中，我會擷取這四本書的部分段落來說明我的想法。對於已經熟知部分內容與案例的讀者而言，我要先在此致歉，請求大家保持閱讀下去的耐心。不過，在重新構思以及撰寫的過程中，這本小書展開了一個新的路徑，也更為精確地說明了心態史拓撲學的方法論。

心態史拓撲學

如何面對當代？
如何理解歷史？

第一章

心態史拓撲學的定位

第一節
首先，什麼是拓撲學？

在長期的研究過程中，我理解拓撲學不僅僅只是物理學或是數學的問題，也不只是個人面向的感性拓撲結構，而必然牽連了歷史縱深的思想史拓撲考掘，以及社會空間的政治拓撲動力。

感性拓撲、歷史拓撲以及政治拓撲，三環扣連，同時發生。感性拓撲說明了任何主體所表現的文本，都只是拓撲空間的一個表面，底層扣連了歷史時刻中各種穿越而相反相成的論述衝突。這個浮現於表面的文本，透露了主體處於特定地方社會與歷史時刻而承受各方壓力，以正向或是負向姿態回應的位置。主體所承受的壓力，不僅來自於其當代所具體呈現的物質性存在條件，也來自於歷史過程中前一個世代甚至漫長歷史過程中延續而持續復出的論述、體制以及意識形態。主體的正向或是負向的回應位置，可能說明了其依循時代要求而自我闡釋、自我複製與自我規範，從而規範他人的論述與創作的操作，但是也可能會拓展出一個不同於時代環境的政治性例外空間，一個新的思想空間與創作空間。

拓撲學，topology，來自於希臘的字根，

τόπος（place，location）以及 λόγος（study），也就是關於「地方」的空間研究。古典時期歐幾里得（Euclid, 300 BC）的空間概念，是以點、線、面的立體三維座標所展現。拓撲學的概念最早始於萊布尼茲（Gottfried Wilhelm [von] Leibniz, 1647-1716）對於「位置」（*situs*）的幾何學分析所揭示的多維度動態空間。拓撲空間脫離了歐幾里得的三維空間概念，而指向不同座標與不同維度所圍繞出持續變化的空間。拓撲學在二十世紀中期開始，成為不同學科思想的主流。無論是現代幾何學、集合論、量子力學、物理、生物、計算機、哲學或是精神分析，都普遍使用這個複雜的空間概念。

以人文學科而言，學者們較為熟悉的拓撲概念不外是拉岡（Jacques Lacan, 1901-1981）、德勒茲（Gilles Deleuze, 1925-1995）與巴迪烏（Alain Badiou, 1937~）的論述脈絡。拉岡的主體拓撲學說明了佛洛依德所發展的「意識系統—前意識系統—無意識系統」的三層心靈結構；這個心靈空間並不是地誌學的固定地層，而是以動態經濟的交換關係，在一個能指的「一點」之上，牽連正負雙向無限變化的拓撲空間。德勒茲則回溯萊布尼茲的論點，使用拓撲空間的概念，來說明關於差異與重複、特異性（singularity）、思想褶裡，以及由域

內而域外的思想褶曲與多維度空間。巴迪烏追隨拉岡晚年所不斷探討的集合論，大量援用數學的集合概念來發展他的拓撲學，也說明了任何集合之內的空集合，都可能使得幾何空間發生無限的重組與改變。值得我們注意的是，巴迪烏的拓撲學不僅說明了他的主體理論，也說明了他對於思想革命的論點。

我的思考脈絡是循著佛洛依德、海德格、拉岡，然後銜接到阿圖塞、傅柯、阿岡本與巴迪烏。這些思想家對於「主體」雖有不同的詮釋角度，但是，他們都指出了表象結構與論述模式是構成主體的基礎，以及主體的出現有正向或是負向的可能性。我會隨著這個脈絡，說明我對於心態史拓撲學的定位。

第二節
主體拓撲學與感性拓撲空間：從佛洛依德到拉岡的起點

在《科學心理學大綱》（*Project for a Scientific Psychology*）一書中，佛洛依德以「闢路」（*Bahnung*，pathbreaking，breaching）的概念，說明記憶的形

成：神經元有接收與阻抗兩種，接收面是感知神經元，另一種抗阻面就是記憶神經元。只有抗阻的神經元，才會引發興奮，並留下痕跡。「闢路」就是第一次記憶的展現，第一次的再現，而日後會以不同的形態浮現。

在《夢的解析》（*The Interpretation of Dreams*）與《日常生活的心理病理學》（*The Psychopathology of Everyday Life*）這兩本書中，佛洛依德將「闢路」的概念擴展為聯想的關聯。在《歇斯底里研究》（*Studies on Hysteria*）一書中，佛洛依德進而指出：無意識欲望「開闢之路徑」，不隨著直線進行；相反的，它的通道迂迴曲折地返回到早先的時刻。這個路徑從側面岔開，開啟正路之外的小徑，甚至產生圓形交叉路口，導向無數新的連鎖道路。佛洛依德將這個移置的路徑比喻為一條經過「從表面【記憶】到最底層然後又迴轉的繞圈子的道路」，後來他又將這個迂迴的路徑比喻為西洋棋中騎士所走的鋸齒形路線，最後，他又將其比喻為一個網狀系統的線條，而且都匯聚於一處。

佛洛依德以「欲力」的能動力以及經濟交換的原則，來解釋這個迂迴而從不同路徑開拓的痕跡：「欲力」（*Trieb*）是介於心理與生理之間的邊界概念（frontier-concept）。「壓抑的過程是防止某

些欲力成為意識狀態的意念。壓抑的只是無意識中的一部分，透過翻譯，克服抗拒，才可得知此無意識。」然而，他也指出，「欲力無法被意識探知，只有代表欲力的意念（idea，*Vostellung*）才能夠進入意識層面。甚至在無意識中，欲力都只能以意念來代表」（*The Unconscious*）。我們所能夠探知的，只有所謂的意識行為以及其詞語及行動，或是被壓抑與轉移替代的意念。要閱讀並且翻譯這些表面上被選取的替代物，就必須以症狀式的閱讀，或是拓撲式的分析，透過語言如同夢象徵與症狀之表象，進行回溯式的翻譯。

意念代表的替代形成，就是符號化的過程，也便是在文本中再次尋找對象，製造對象，搬演出主體朝著對象而展開的主觀姿態。因此，文本如同肉身，如同儂曦（Jean-Luc Nancy）在《肉身》（*Corpus*）一書所論述的，是心靈尋求形式而出現的場域。克莉絲蒂娃說，文本中的「互文性」（intertextuality）使得心靈以「文本中的文本」的方式，從另一個場域移置（transposition）於這個文本中搬演。文本之肉身症狀，也如同佛洛依德所說的，採取一種「無意識的同一性」（unconscious identity）以及「象徵對等」（symbolic equation）的邏輯，以「無意識生產」的方式，轉移了主體原本

的對象。這些轉移的原則，就是類似於壓縮、置換、扭曲、變形的暗喻邏輯，使所選取的對象（符號，症狀）與原本的對象，以內在相等但是表面上卻遙遠而不相干的方式出現，以便避免檢查而被禁止。因此，佛洛依德說，所有的症狀，或是符號，都如同「兌換幣」（token）一般，執行經濟交換的過程。

　　佛洛依德說，「它所在之處，我必隨之而行」（*Wo Es war，soll Ich werden.*）（《精神分析新論》）。拉岡接續佛洛依德的說法，提出「我思故我不在」以及「我在我所不思之處」（*Écrits*）的說法。無意識中的欲力，持續尋求精力投資（cathexis）所可以附著的符號，作為「它」的表象，如同「兌換幣」，以便進行象徵交換。這個象徵交換，就是符號化的動力。然而，那個無以名之的「它」，是無法被復原的，只有循著此衍生物扭曲偽裝的路徑，追隨者意識活動透過變形衍生而不斷替換的殘留痕跡，才有可能依稀摸索出「它」逃逸的起點以及其迴避與抗拒，卻又是真正在乎的對象。

　　拉岡的主體拓撲學（topology of the subject），便是這種症狀式的迂迴路徑，以話語的表記（signifier）作為黏扣點（*points de capiton*），或是

錨定點（anchoring point），接合了想像界、象徵界與真實界的領域，說明了表記鏈暫時固定卻又被轉移替代的表義系統，並揭露了話語的主體位置以及複雜的拓撲空間底層（topological substratum）。

　　拉岡的論點解釋了佛洛依德對於語言與無意識之關聯的討論。在〈無意識〉一文的結尾處，佛洛依德提出了一個問題：為什麼表現在語言或是行為的替代形成，會如同症狀一般，顯得這麼矛盾？對於這個問題，佛洛依德的解釋是：人們的表達與過去的經驗必然有巨大的落差，甚至迂迴間接地遮掩或是扭曲，因為人們的經驗總是開放而複雜的感官綜合，無法全面表達。人們的經驗整體，包括視覺、觸覺、聽覺、空間感、濕度、光線、以及許多無法命名的感受。然而，呈現於人們意識中的記憶，卻是由「客體聯想」（object-associations）代替經驗中的事物（thing），繼而以「文字表象」（word-presentations）與「客體表象」（object-presentations）構成，一個來自遙遠的記憶痕跡與記憶影像之組合。「客體表象」是開放經驗中的代表性對象。這個「客體」的聯想（object-associations）牽動了整個經驗中的感官環節，包括可以命名以及無法命名的部分，而這個整體經驗卻只能夠透過開放經驗中的「視覺」面向來連結「文

字表象」的語音。如此，以聲音影像指向客體聯想的視覺環節，替代了經驗整體綜合多重感官的紛雜影像，同時也放棄了原初的「客體投資」（object-cathexes）。因此，顯現矛盾的不同語言或是行為，並不是不同經驗的註記，而是同一經驗的不同代表。

拉普朗盧（Jean Laplanche）與彭大歷斯（J.-B. Pontalis）在《精神分析辭彙》（*Vocabulaire de la Psychanalyse*）中說明，在德國哲學的古典詞彙中，「表象」（*Vorstellung*），意指客體的主觀再現。法文翻譯為*Représentation*，英文翻譯為presentation or idea。佛洛依德使用「表象」一詞，保留德文的表象意涵，卻將其對立於經驗中的情感面向。佛洛依德區分事物表象（thing-presentations）與文字表象（word-presentations）。這個區分具有拓撲論的意義：事物表象是對於記憶影像或是遙遠的記憶痕跡的精力投資，與經驗中的事物有較為直接的關係，展現出無意識系統之特徵；文字表象則是在語言表達與意識中相聯繫的概念，離經驗中的事物較為遙遠，是透過文字語言影像之聯繫，經過幾個層次的替代而形成。記憶痕跡便是客體銘記於記憶系統之物，由不同的聯想系列所構成，而透過文字表象形成。

　　語言包覆著無意識。文字如同症狀，以表面不相關而遙遠相連的方式，透過字詞遮掩、迴避、扭曲而暴露的裂隙，如同拉岡所說的「間隔話語的堵塞物」，同時阻斷真相，也揭露真相。語言的裂隙，指向被壓抑、不存在，但卻是過去曾經經歷過的痕跡，必然呈現內在分裂的雙重性。透過語言的象徵作用與象徵交換，而使得過去已死去的衝突與現在的衝突並存。

　　拉岡利用主體拓撲學的論點，說明主體所處的位置如同一個點狀空間，以想像界主觀認同的位置，扣合象徵界符號法則所提供的話語，是發言動作（enunciation）與發言內容（statement）兩種主體位置疊合於一處的拓撲空間。這個複雜的主體環

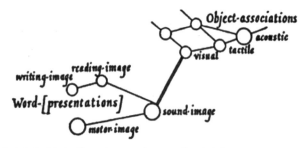

佛洛依德《無意識》附錄C的圖表顯示，「文字表象」是個封閉系統，而事物表象的「客體聯想」則是開放系統。「文字表象」包含了聲音影像，動作影像，書寫影像，閱讀影像。「客體聯想」包含音響、觸覺、視覺，以及其他未命名的開放空間等。只有文字表象的聲音影像與客體聯想的視覺環節連結。圖片來源：取自 Freud, "Unconscious," *Standard Edition*, XIV, 214。

節（knot），以「表記」扣連，卻又無法完全掌握
持續變動中的真實。

　　主體的「表記」，是主體藉以出現的小客體／
對象，*objet a*，如同「紋身」，也如同「標記」，
同時接合了主體身分認同位置的想像界，言語之所
以成為可能的象徵界，以及尚未被符號化而持續
流動的真實界。在「波羅米昂三環結」（Borromean
knot）的拓撲概念之下，代替主體出現的表記，
a，銜接了想像界、象徵界與真實界之間相互依存
而相互作用的拓撲學動態結構。主體位置的無意識
作用引發不同的替代形象，以「我思主體」作為思
考，以及以欲望的「我」的位置而出現的主體。透

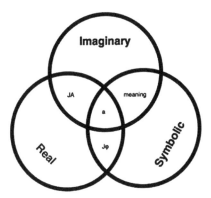

拉岡在 1972 至 1975 年間的講座中，逐漸發展出「波羅米昂三環結」
（Borromean knot）的概念，說明想像界、象徵界與真實界之間相互依
存而相互作用的拓撲學動態結構，*a* 是代替主體出現的表記。圖片來
源：取自 Wikipedia。

過表記的選擇，主體成為了主體，也放棄了自己。
重疊交接處的表記，看起來是個如同薄膜一般的表
面，其實卻以分離又接合的方式，連結了一個不可
見的複雜空間。

　　主體在這個不斷運動中的場域，承受著從內
到外又從外到內持續流動的壓力。無法透過語言全
然出現的主體，不斷以表記進行著交換與替代。拉
岡以圖像的方式，說明這個主體拓撲「內轉的*8*」
（the interior *8*）的運動方式：主體在大他者的無意
識法則要求之下，以隱匿的方式，進入了象徵界，
捕捉了暫時的小對象，而完成了自身的欲望。

　　拉岡也以拓撲學概念的莫比烏斯帶（Moebius

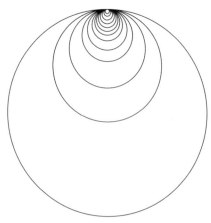

上圖拓撲空間示意圖，可以約略說明，表面的一點，底層聯繫著多重
動態交錯的空間。圖片來源：取自 Wikipedia。

strip），說明環上的任何一點都可以分為兩面，但如果沿環移動，從頭到尾點點相連，我們就可以發現兩個面實際上是連成一體的。交接處的一點，就是力比多出現並遮蔽的表記，同時屬於這兩個區域：環形的外部遮蔽其內部，而得以延續。作為「黏扣點」或是「錨定點」的表記，只是暫時的轉移替代，不僅僅是朝向某個被指涉物的表面意義，而是透過特定的時代性關聯模式與置換經濟，轉而透露自身位置的拓撲底層。

莫比烏斯環的圖形顛覆了正常的空間觀念，因

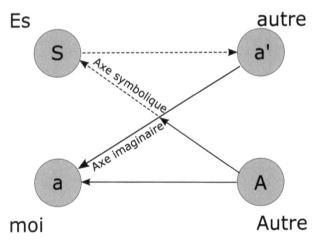

L圖式（schema L）說明了在大寫他者與主體之間的符號關係，由於通過了想像界的「語言之牆」，因此必然會受到想像界軸線若干程度的阻隔。大寫他者的要求也會以被干擾與顛倒的形式到達主體。圖片來源：取自Wikipedia。

為它看起來雖然有兩面，實際上卻只有一個，也解釋了任何二元對立的觀念，例如內／外、愛／恨、表記／所表、真理／表相等，其對立項之間的關係都是正負並存，而非分離的。

拉岡在晚年1978至1979的第26講座中，提出了關於拓撲學與時間的討論，顯示出他努力解決時間向度上「同位」（homotopic）轉移變形的一致性問題，也就是地形從一點連續移動而變形為另外一點的問題。拉岡說，拓撲是想像的結構。語言是符號性的，屬於象徵界，而拓撲空間的運動則是透過想像而在時間中持續進行。由於「同位」──homotopic，因此雖然在時間的移動之下，藉由不同形態出現，仍舊可以維繫內在的一致性，也說明了表面

拉岡引用拓撲學概念的莫比烏斯環（moebius strip），說明莫比烏斯環的三維圖形，可以用一條長紙片，扭轉一圈後將兩端相黏而得。圖片來源：取自 Wikipedia。

斷裂的原因。因此，個人在不同歷史時間點的詞語標記，因為「同位」的結構性，而成為可理解。

　　從拉岡的主體拓撲學來看，主體的標記環節必然透過詞語而完成。詞語連結了想像界、象徵界與真實界。詞語的標記，指向不同歷史脈絡下替代性出現的符號轉換與同位性質。這些「黏扣點」或是「錨定點」，已經是拉岡所說的「轉換詞」（shifter）；這個轉換詞本身即是一分為二：一端銜接著主體承受時代多重因素的驅迫力而勞動，另一端則透過轉換詞的替代性交換功能，選擇性地回應了時代象徵體系的要求。

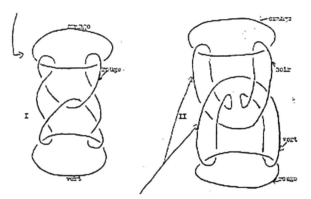

拉岡在 1978 至 1979 的第 26 講座中，提出了關於拓撲學與時間的討論，以各種繩結的圖式，說明雖然在時間的移動之下，仍舊可以維繫內在的一致性，也就是「同位」（homo-topic）的問題。圖片來源：取自拉岡第 26 講座。

第三節
話語權力拓撲學與知識考掘學：阿圖塞、傅柯、阿岡本

阿圖塞：複雜多重的話語空間與雙重閱讀

阿圖塞（Louis Althusser, 1918-1990）的論點相當能夠說明話語結構中主體位置與權力關係的拓撲關係。在《閱讀資本論》（*Reading Capital*）一書中，阿圖塞提出了一個複雜的多重空間概念。他說，這不是平面空間，不具有同質性的線性結構，而是區域結構（regional structure）與整體結構（global structure）相互作用的複雜結構：一個複雜而有深度的空間被另一個複雜而有深度的空間之符碼所刻寫。

阿圖塞指出，人類學式的觀點以「經濟人」（*homo oeconomicus*）為中心的政治經濟學，其所研究的「客體／對象」（object），都是可見、可被計算而被給定的對象，屬於同質化空間內的元素。在這個同質化結構的限定性條件中，實證經驗研究預設了對象，也預設了解答。阿圖塞指出，馬克思理論的革命性在於他強調可見物可被感知的外表，不足以讓我們瞭解促使這個對象出現的決定性結構。馬克思將「對象」視為「展現」

（*Darstellung*，display，presentation，exposition），
是複雜的話語結構關係之「效果」。若要瞭解「對
象」，就必須從不同層次的關係，來反溯構成此
「客體／對象」的「觀念」，以及觀念背後複雜結
構的多重決定性因素。

　　阿圖塞強調，十九世紀的社會契約與市民社
會是以「經濟人」為主的經濟活動場域，而經濟人
是被一個有需求的主體所定義。主體需求或是欲望
的對象，是經濟活動所能夠提供的可見與可計算的
對象。不同的經濟活動與經濟產品，構成了不同的
範疇，人的存在也被此範疇定義。這就是馬克思
所說的概念範疇的囚牢。因此，經濟場域像是一
個舞臺，提供了前臺各種可見的「對象」，這是一
個「給與」的舞臺，以其意識形態之結構推陳出
各種演出，包括各種為經濟主體而提供的「需求」
之「客體」，或是欲望之對象。除非我們揭開此布
幕，我們便會如同乞丐，等待此舞臺的施捨。

　　阿圖塞所提出的經濟舞臺，發生於任何以供需
結構所支撐的文化場域，其中牽連了話語結構中的
價值層級與交換原則，以及根據話語法則所給出的
對象物。要如何閱讀各種「物／對象」之場面調度
的經濟舞臺？阿圖塞提出了以「極限形式」（limit
form）的概念，來說明雙重閱讀（double reading）

的程序：透過「極限之點」（limit point），來分析可見性結構並存的不可見與不可計算的真實歷史。

阿圖塞以佛洛依德與拉岡所說的「換喻因果」（metonymic causality），來說明造成「對象」之「效果」所包含的主導性與從屬性相互扣連的複雜結構關係。這個結構之效果，正是其「對象」的內部性。馬克思所呈現的矛盾運動，說明了感官與意識只是第二度發生的，是受到主導結構率動而脫離位置，並表現於客體化的錯覺之中所造成。換一種說法，促使「對象」出現的「觀念」，便是其「真實的內部」（the real interior），是整體環節中一個結構率動另一個結構的運動，而被給定的意識形態無法認知與無法看見這個原初第一度發生的「真實」。

真實的歷史，是在可見性經驗歷史之外。阿圖塞從被給定的「物／對象」，反向操作，分析當代性的知識生產。想像（意識形態）的對象／物件，已經如同鏡像，反映出一整套決定性因素之結構。阿圖塞的核心概念就是在此「物／對象」之處，掌握認識論的斷裂或是意識形態的盲域，並以症狀式閱讀，來檢視此不可見的真實。「對象物」作為此空缺處的標記或是索引，使我們看到不同地平線的轉換範疇：「認知─誤識」所暴露的當代性結構。

　　阿圖塞所展開的「話語理論」，目的在於探討並且說明話語中對象的置換為何發生以及如何發生。他指出，意識形態的「政治—經濟—司法」制度的扣連，使得主體的「自發形式」已經被意識形態的結構所主導。他強調他的研究不以主體位置出發，因為這是以「人」為中心的人類學意識形態與主體位置所促成的效果。相反的，他以「對象／物」（object）作為分析對象，探討「物」的不同決定性因素，包括所謂經濟基礎的現實結構，以及司法、政治與意識形態結構之間相互作用力產生的 效 果（Althusser, "The Historical Task of Marxist Philosophy"）。

　　阿圖塞指出，一個時代的主導意識形態會呈現於各種話語模式中被優先凸顯的「對象／物」，也會呈現於透過實踐而展開的話語模式關係之中。文化並不是指人文學科本身，而是指在社會中促使各種人文藝術發生，銘刻於這些人文藝術之中，進而再次製造社會階級區分的機制。人文藝術與對象建立關係的話語模式，例如文學、藝術、邏輯、哲學、美學、宗教，取決於這個對象在特定歷史時期與社會中被給定的價值。教育機構成為建立文化共識的主要場所，而國家是主導這個教養過程的權力機構。學校中所傳授的「文化」，已經是被主導

意識形態所滲透而二度發生之文化（second-degree culture），以各種掩飾的面貌出現，而不是真實的大眾文化。主導意識形態所牽動的大眾意識形態，經過長時間的過程，在關鍵時刻以自發的實踐方式出現。阿圖塞指出，這就是自發性意識形態的問題：在大眾眼前所發生的各種實踐，其實是在他們背後促使其發生的主導意識形態的系統所作用的效果（Althusser, "Philosophy and the Spontaneous Philosophy of the Scientists"）。

　　阿圖塞的方法論導向了意識形態技術之機制（apparatus）與自發性之研究。阿圖塞也指出，馬克思與佛洛依德都質疑了任何以既定意識形態與知識結構而意識自身的主體，包括有需求的經濟主體、有司法保障的法律主體、有倫理意識的道德主體，甚至有政治立場的政治主體。對於阿圖塞而言，關鍵的問題在於如何思考人的腦袋中各種圖像的「啟動機械」（motor），以及這個器械如何如同「引擎」一般，驅使主體調整自己的姿勢，而朝向結構扣合。因此，問題無法由主體的問題來說明，而要從「對象／物」的現實面來理解其「客體／對象的定義」（Althusser，"Marx and Freud"）。

　　阿圖塞透過拉岡式「對象／物」的「誤識」結構，而分析不同地平線轉換的拓撲空間，非常有效

地揭示了認識論以及主體存有的矛盾問題。拉岡所說明的想像界、象徵界與真實界，在阿圖塞這邊，透過了區域結構與整體結構之相互作用的關係，解釋了物質性的現實條件，也就是「政治─經濟─司法」的制度，如何以共謀的方式，構成了使主體如此出現的功能，以及其意識形態所形塑的自發性感性機制。促成主體出現的原因，早已是語言的效果，也使主體如同拉岡所言，依此促成因素出現而成為功能。主體即是一種功能。這個矛盾關係，就是拉岡所反覆說明的莫比烏斯圖形的可見與不可見之間的同位延續變形。

傅柯：從尼采、海德格到「主體─真理─權力」的拓撲關係

　　人是透過語言來思考與表達自身的主體，透過話語結構來展開體制，又是在這一套話語體系的知識結構中被認知的對象。傅柯的研究精采處就在於，他清楚知道主體性的研究不在於法令規章，而在主體經驗之中，也在主體進行自我認識與自我管理，從而設計與改變這種經驗模式的能力之中。在一切話語活動的背後，存在著一個綜合各種感受經驗、認識型、可見性結構、生活方式、精神引導以及行為舉止準則的圖式。探究這些話語活動的現

象、其圖式背後所指向的邏輯，以及主體如何採取管理自己的位置，便是傅柯長期書寫研究的工作。

尼采的《道德系譜學》（*On the Genealogy of Morality*）可以協助我們解釋傅柯所說的自我技術以及導引行為舉止準則的圖式。尼采曾經分析價值的主觀性與時代性的問題。他指出，善惡的概念起源於種族貴賤以及社會階級的問題，包括膚色、髮色，甚至身體的潔淨與否，而延伸為純潔與不純潔的判準。統治階級政治地位的優越所帶出的精神優越感，決定了區辨善惡的準則。具有主觀色彩以及權力位置的善惡對立與價值觀，透過各種古老的責罰形式，教導個體去記住「我不要」的律令，而使得他可以參與社會的福利。此種記憶之術，以及透過理性規範與情感控制，使人們得以獲得他們的意義感。尼采也指出，意義感透過文明所發展的各種契約關係以及負債關係而被穩固，涉及了價格製造、價值評估、物物交換，而同時也展開了有關契約、權利、義務、賠償等概念。尼采說，所謂價值，就是根據生成中的生命之相對延續的綜合產物，並且受到如何保存與提高其條件之「觀點」所決定。價值之為價值，關係到了眾多關係之間「數字與計量刻度」的問題，也關係到了刻度的升降基礎何在的問題。正義就是在這一套價值體系之下力

量相當的人之間的運作，使每件事物被安置一個適當的價格，也使每個人成為可以計數的一分子，並且遵循正義的公平遊戲以及責任良心的法則。這一套計算、評估與衡量的法則，完全被視覺化的觀看模式所制約。尼采強調，更重要的是，罪與責任所連結的契約關係，以及隨之發展出的懲罰機制、善惡概念以及意義感中，不可忽略的，是個體的「自發的、侵略性、再闡釋、再建造」的力量。

　　尼采對於價值的評估以及主體根據其價值觀點而產生的自發性、侵略性、再闡釋與再建造，以便保存與提高其生存條件，牽涉了主體生命欲求與自行闡釋複製的問題，這是討論主體性時最令我們感興趣的問題，也正是海德格以及傅柯長期探討與分析的問題。海德格在〈尼采的話「上帝死了」〉中指出，尼采所指出的價值確立、廢黜、重估、重新設定，已經說明為何西方在不同歷史時期的更迭之下，背後仍舊有如同上帝一般地位的最高價值。海德格指出，「價值」的本質就在於「觀點」，而觀點正是「觀看之點」。價值並非首先是某個自在的東西，然後才得以偶爾地被看作觀點。作為觀點，價值總是被一種觀看所決定，並且是為了這種觀看而設立。這種觀看的特性是：它看，是因為它表象並設定了被看見的東西本身。通過表象的設定，那

個「針對某物的看」，以及這種觀看的視線背後起著指導作用的「點」，所謂的「視點」，也就是在觀看中並且在一切受視野引導的行為中起標竿作用的東西；這種觀看位置以及起作用的「點」，說明了為何以及如何主體以主觀性的位置與視角作為其匯聚思維、感受、認識、意志之基礎。

主體所占據的主觀位置與視角，其所依據的習性模式以及其所統合的感知，分享了同時代人的價值觀與衡量尺度，以至於主體要完成的自身潛力，以及主體要以特定形象出現的衝動，都牽涉了認識主體以及其所面對的世界圖像與世界觀之間的相互構連。這些問題在海德格的〈世界圖像的時代〉一文中，也已經深刻地闡釋了。對於海德格而言，主體或是主觀性是現代形上學的產物。現代形上學以現代技術作為其實踐的場域，以人作為認識的主體，將世界作為認識的對象而客體化。此處，思考者與思考對象的對立是個問題。這種主客對立，研究對象化，並且透過表象（Vor-stellen）被確定，而獲得真理。這就是從笛卡爾以降，包括尼采在內的現代形上學。現代技術的領域之下，文化作為人類活動的「價值」，文化便成為了「文化政治」，以便維護自身。現代主體則是以「人」為中心，以一種「新的自由」，將人自身建立為「一切尺度的

尺度」，依照此「尺度」來測度與計算什麼能夠被看作是確定的。

這個主體，作為一切主觀性的托體或是基座（*subjectum*），匯聚意欲、感知事物、採取立場、執行行動，也透過表象而確定其所處的世界。這個以自身為衡量尺度的人，將世界以圖像的方式來把握與理解，並且透過表象的能力，將一切匯聚於自身之前，與自身發生關聯。同時，人也將自身「設置為一個場景，在此處擺設自身，呈現自身，成為一幅圖像」，還特別把這一地位採取為由他自己所構成的地位，有意識地把這種地位當作被他採取的地位來遵守，並把這種地位確保為發揮人性的一種可能性之基礎。如此，存在者才作為對象而達到持存，從而獲得存在之鏡像：人成為主體，需要透過表象，使此鏡像與自身同一。

海德格此處所說的這個根據自己的基礎，將自身製造為圖像，就是成為主體的過程，回應了黑格爾在精神現象學中有關自我意識的說法，也正是拉岡在討論他者目光與小對象時，以海德格為對話對象，向我們說明主體如何以及為何成為一幅圖像的問題。海德格與拉岡所說的鏡像，牽涉了世界作為圖像而被理解，以及自身作為鏡像而成為主體。人為了成為主體，積極而自發地遵守這個地位，並且

充分發揮其自身之可能性。海德格並且指出，世界
成為圖像以及人成為主體，這相互交叉的進程雖然
荒謬，卻深刻地決定了現代的本質。

在海德格的討論中，我們清楚看到現代世界
如何決定性地成為圖像，而存在者如何在世界圖像
中被看做是存在著，此二端相互制訂。海德格說：
「現代人毫無節制地大步進入他的本質形態之中。」
圖像牽涉了製造與構圖，以及預設的尺度與準繩。
現代世界充滿為了確保地位、組織與建設自身，表
達為世界觀，並且在不同的世界觀之間持續爭辯。
為了從不同主觀位置出發而進行爭辯或者甚至是鬥
爭，人會為了依照其「意義」準則而施行對一切事
物的計算、計畫與培育的無限制的暴力。世界觀和
世界學說也就無保留的變成一種關於「人」的學
說，變成人類學；傅柯所指出的人文學科的問題，
也就是此問題。

從尼采及海德格對於價值之主觀性以及人類學
式現代知識限制的檢討，我們可以看到傅柯常年研
究的方法論之根柢。傅柯所討論的主體位置，更凸
顯了「主體」在何種世界觀、知識脈絡與感知體系
之下被建構，以及「主體」受到何種機構性以及論
述性的暗示與鼓勵，將何種「對象物」賦予特殊的
優勢價值，並且促使主體「能動性」的自發完成。

傅柯說：

> 我認為如果我們不從我所說的技術、技術
> 學、修養等角度來重新考察主體與真理之間的
> 關係史（這些技術與修養把主體與真理維繫起
> 來並加以規範），那麼我們就無法理解人文科
> 學。
>
> 究竟什麼是主體和真理呢？什麼是主體與真
> 理的關係？什麼是說出真相的主體？……我
> 個人倒是從海德格的角度來力圖反思這一切
> 的。但是，一旦有人提出這種問題來，他就
> 不可能不與拉岡交錯了。（傅柯，《主體詮釋
> 學》）

傅柯反覆提出的問題是：我們不要探究真理究
竟是什麼，而要探究真理如何被設定？什麼因素決
定了主體靠近真理的各種條件以及限制？主體達到
真理的途徑是什麼？傅柯強調，西方的真理史告訴
我們，由於對精神性的強調，主體達到真理的條件
已經被認識型／知識型所界定。達到真理的各種技
術，牽涉了主體關心自己與認識自己的各種技術。
對傅柯而言，三環相扣的是真理史，主體史，以及
關心自己的技術史。

在《詞與物》（*Les mots et les choses: Une arch
éologie des sciences humaines*）一書中，傅柯就已
經說明，話語結構是建立於所謂的認識型（*l'episté
mè*）之上，也就是描繪、辨識、感知與衡量事物
的格線，以及此格線背後透視角之退隱點。傅柯闡
明如同透視角的退隱點般不被置疑的最高點，是認
識型所依據的邏各斯／話語（logos），或是真理邏
輯。真理邏輯決定了話語的關係結構，可見性的秩
序，統理觀看的模式，以及執行知識的分類體系。
知識分類體系是持續進行分析、生產、複製、以及
辨識相同與區分差異之工作的依據。在預先決定的
觀看格線之下，眼睛瀏覽物件，連結物件，並區辨
出類屬與差異。傅柯強調，在可見與不可見之間，
有其曖昧的並存關係。格線區分又連結事物的可見
秩序與黑暗空間，黑暗處湧發的經驗雖然不可見，
卻也透露了隱藏而等待被描述的秩序。

以傅柯的《臨床醫學的誕生》（*Naissance de la
clinique*）為例，我們看到他在書中以理性醫學知
識的目光，說明確定性知識如何完成學科分類體
系，自動再次生產可見物與不可見物的系統，並且
繼續被機構化、概念化，甚至在社會空間被銘刻書
寫，而進行區分、組織、分配、監視、控制。傅柯
將「話語」視為歷史形態的事實：不同事件和功能

的片段，能夠逐漸彙集起來構成一個體系。透過對
於醫學知識分類以及臨床醫學誕生過程之研究，傅
柯指出，醫學目視以一種理性而確定的醫學知識，
投射在疾病中可見的東西上，而引發三次「空間
化」的過程：第一次是分類醫學的系統化工作；第
二次空間化過程則是臨床醫學將疾病病理學化，建
立與身體部位的關聯，醫生與病人被置入一個親密
關係，進行檢視；第三次空間化則是在特定社會環
境中對於疾病的再次區分與歸類，分配給各個治療
中心。這個尋找並且描繪出一個陳述與其他實際或
是可能的陳述連結起來的各種關係與差異，是我們
可以掌握一種「全面系統的話語史」。

　　這個開放而無限往復的過程中的遙遠真理目
光，無論是醫學知識或是真理邏輯，透過各種空間
化與體制化的轉移，形成了各種機構與法令，構成
了個人與社會的關係：一切被整合入社會空間，甚
至銘刻於個體的身體感覺之上，也構成了主體的自
我感受模式。支撐這個對於無限變化的臨床記錄
的，不是對特殊病人的感知，而是各種信息交織的
集體意識。這種集體意識以一種複雜的、繁衍的方
式發展起來，直到最終擴展到歷史、地理與國家的
各個方面。傅柯指出，透過更深層次的扣合，我們
會發現各種匯聚之知識、經驗與意識形態都是同構

物：觀察的目光與它所感知的事物，是通過同一個羅各斯／話語來傳遞的，這種邏各斯／話語既是事物整體的發生過程，又是觀看目光的運作邏輯。

此處，我們看到了話語權力的拓撲結構，以及其中幾個層次的空間化與體制化的相互關聯。傅柯所提出的「主體」（倫理）—「知識」（真理）—「權力」（機構）的三環結構，展現了一個異質而多向度的拓撲空間，而這個三重空間匯聚於主體之環結。以拓撲結構的概念，來重新理解傅柯長時期的書寫，可以獲得一個如同拉岡所言，同位（homo-topic）在時間展延下的複雜整體。[1]

阿岡本：知識範式與哲學考掘學

阿岡本深受海德格以及傅柯的影響。他所提出的哲學考掘學（philosophical archaeology），延續了海德格以及傅柯的路徑，可以協助我們進一步說明含有歷史軌跡的拓撲空間。

1　柯立耶（Stephen J. Collier, 2009）也曾經以「權力的拓撲學」（topology of power），來說明傅柯晚期講座的拓撲分析（topological analysis）。他指出，傅柯透過檢視異質元素之間相互關聯的樣式（patterns of correlation），包括技術、物質形式、機構結構、權力技術，說明這些環節的組裝以及關聯模式，如何透過重新部署而轉型。

　　阿岡本將他的研究定位為範式的考掘學，或是研究時代署名標記的科學（sciences of signature）。特定概念從傳統到現代的不同詞彙借用，或是從一個領域到另一個領域的符號替代，通常是一種策略性的選擇，牽涉了複雜的對話對象以及概念體系。阿岡本認為，尼采的系譜學、傅柯的考掘學、德希達的解構、班雅明的辯證式意象，或是他自己所討論的「署名／標記」（signature）的科學，都是在探討思想史的同時，分析概念從傳統到現代轉換與替代的內在機制。

　　阿岡本藉由中世紀醫生兼煉金術士帕拉塞爾蘇斯（Paracelsus, ca. 1493-1531）的論點，說明他自己關於「標記」的論點。帕拉塞爾蘇斯指出，萬物皆有一個顯露自身不可見特質的標記。任何事物之外部，都揭示了其內部的性質。外表所呈現的標記，成為理解事物內部的唯一路徑。然而，這個內部隱藏的性質，卻非常複雜。任何「標記」都會以能指（*signans*，signifier）的位置出現，而立即滑向所指（*signatum*，signified）。但是，「所指」會立即轉換為「能指」，指向一個新的方向。這些標記會隨著不同的標記者／署名者（*signator*），而被賦予新的生命與效力。這種交換關係會繼續延展，而揭示了層層的複雜意義脈絡。標記不再是能指與

所指的固定關係，而是以一個範式與詮釋關係的網絡，取代了其指涉關係，並且將這個指涉關係轉移到另一個場域，牽連了另外一整套關係以及符碼體系。

在《萬物的署名標記：方法論》（*The Signature of All Things: On Method*）一書中，阿岡本曾經解釋，「範式」（paradigm）意指事物如何發生、為何在這個話語脈絡中發生，以及促使其發生轉化的內在機制，也就是構成歷史現象以及其後續效果的結構。阿岡本的「範式」延續了傅柯的話語機制（discursive regime）與認識型（episteme）的概念，說明了特定歷史時空具有內在規範性以及強制性的整套話語效果。阿岡本要提出的範式概念，並不是孔恩（Thomas Samuel Kuhn, 1922-1996）所定義的科學範式或是理論結構，而是要討論使這個知識發生的過程與背後的規範模式，以及這個模式之下沒有明文法則，卻仍舊會出現知識革命與典範轉移的原因。

正如傅柯的知識型、話語形構、真理機制與可見性機制，阿岡本的範式概念涉及了一整套的關係結構與符碼系統，以及其可見與不可見的相對關係。阿岡本依照這個思考路徑提出了「範式性本體論」（paradigmatic ontology）的概念，取代了二分

法的各種兩極類推模式，以便探討歷史的發生如何
有其歷時性與共時性交錯共構的範式形成過程。

　　阿岡本所謂的「本體論」，onto＋logos，是延
續海德格或是傅柯所討論的「存有論」，解釋「存
有」（onto: being，essence，existence）是持續發生
變化的動態過程。考掘學便是範式的揭示，說明歷
史現象為何如此發生。阿岡本所提出的「哲學考掘
學」，並不是歷史溯源、手稿研究或是實證史料編
纂，更不是歷史重構。阿岡本要探討的問題是：歷
史現象發生的時刻，有多少分歧的思想與活動曾經
發生？當代認識型以及正統歷史書寫如何被構成？

　　阿岡本強調，考掘學並不是尋找固定的古老
源頭，而是設法超越被構成的認知、記憶與遺忘，
探索歷史過程為何發生分裂與遮蔽？哪一些曾經發
生的思想與活動被壓抑與排除？他指出，歷史過程
的書寫，造成了不同性質曾經發生的活動被遮掩。
因此，我們必須反覆重新閱讀分歧的時刻，對歷史
進行批判與解構，以便探討被正統歷史排除的多樣
「史前史」，開啟被遺忘的各種關聯。否則，人們
會對於這些遮蔽與遺忘漠不關心。雖然這些異質性
的歷史被遺忘，這些史前史的各種關聯，卻會以隱
藏的方式在當代持續發生作用，並且影響當代的社
會關係與心態結構。

　　要探索歷史的分歧時刻，可以透過阿岡本所提出「署名標記」概念切入。阿岡本說明，這些帶有署名標記的痕跡，指向了同時代性範式，「署名」便是標誌一整套結構的症狀式符號。任何事物都有顯露自身可見與不可見特質的符號，事物之外部同時揭示了其內部。指向與遠離，否認與肯定，在場與不在場，都以一種模擬與類同的原則反向並陳。考掘學探討的問題，便是現象發生的時刻如何已經被放置於客觀世界與主觀位置之間操作。研究者要從當時的「主體」如何操作這些物件與言詞，以便討論為何事件如此發生，如何形成了某種書寫與認知的傳統，並且構成了某種歷史起源。「主體」位置其實就是悖論本身：在某一個署名標記或是原初發生的兩極並行的張力之間，便是主體所處的位置。

　　在阿岡本的詮釋脈絡下，「部署」dispositif與「機制」apparatus，是傅柯所說明的歷史元素如何被經營、布置、管理的「經濟」操作，也包含了海德格所討論的「座架」（*Gestell*，dis-positio，dis-ponere），聚集、安置、秩序、擺置與規劃。特定歷史時空一整套話語關係網絡的操作，包括機構、法律、規範、決策、科學、哲學、道德等等不同領域，在其可說以及未說之間，涉及了權力的制衡，

也牽連特定的知識類型與其局限。歷史元素的部屬
所形成的話語機制，牽連了主體化程序以及權力關
係具體化的規則；部署／機制意味著一個主體化的
過程，在這一套話語機置中，主體導引自身完成主
體化的過程。這些權力遊戲的機制，正是傅柯關注
並且持續以批判方式問題化的關鍵。

　　阿岡本指出，這一整套捕捉、導引、決定、
介入、模塑、控制、固定的部署機制，不僅指涉監
獄，瘋人院、全景敞視、工廠、學校、告解、規
訓、司法判決，也包括書寫、文學、哲學、建築、
香菸、電腦、行動電話，都涉及了同樣的經濟治理
與布置安頓的操作。以阿岡本的說法來看，具有運
作效果的機制，就是環繞我們生存環境的整套語言
本身。既是文化，也是社會結構，更是局部與整體
之間的相對關係。

　　阿圖塞的局部與整體的複雜系統，尼采、海
德格與傅柯討論的權力拓撲結構，在阿岡本這裡，
則具體地透過各種物質性部署與政治經濟法律的操
作，而構成了巨大的主體化機制。阿岡本持續探討
的問題便是：生命是多種能力、多樣而廣延的，生
命的可能性是不會被限定的。但是，生命卻在政治
經濟部屬機制之下，被導引與治理，成為依照生物
性功能或是職業分類，而被分離為同質化的生命形

式，甚至成為一無所有的「裸命」。如何能夠讓生
命超越經濟式的生命治理，如何能夠讓尚未發生的
社會與人民得以出現，則一直是有待思考的政治性
問題。

第四節
集合拓撲學與政治拓撲學：
巴迪烏的啟發

　　不同於阿圖塞、傅柯與阿岡本從話語結構、權
力關係與主體位置所進行的拓撲分析，巴迪烏提出
了類似於拉岡的拓撲圖式與集合概念，展現出主體
政治性空間的可能性。

　　回到本章開頭處所說明的拓撲學空間概念。
古典歐幾里得的空間概念是以點、線、面的立體三
維座標所展現。萊布尼茲對於「位置」的幾何學分
析，揭示了現代拓撲學的多維度動態空間概念。如
果我們以持續變化中的不同座標與向度，來理解地
方topos與位置situs，那麼，拓撲空間便是指牽涉
了不同象限的變化空間。拉岡以拓撲空間的概念，
說明了主體處於想像、象徵與真實之間的分裂而縫
合的位置；阿圖塞、傅柯與阿岡本以話語權力的拓

撲結構，說明了「知識—權力—主體」之間，「真理—機構—倫理」之間，或是「歷史—物質—想像」之間動態而共構的關係。不同於阿圖塞、傅柯與阿岡本著重於話語結構的拓撲論，巴迪烏提出了數學模式的拓撲集合論，來說明主體與真理之間的關係。

在「一、多、多重性」（"One，Multiple，Multiplicities，hyhen，mul-tiplicities"）一文中，巴迪烏說明本體存有的開放性，如同拓撲學的集合論，是「內在的建構」，因為任何集合之內必然包含無限多的子集合以及無法決定的空集合，因此可能無窮盡地出現一次性的變化。以巴迪烏的論點展開，「一」本身便已經是無限的發生。他以黎曼（Bernhard Riemann, 1826-1886）的多重空間概念，說明空間的多重延展與n-次方的多元面向，並且指出戴德金（Richard Dedekind, 1831-1916）與康托（Georg Cantor, 1845-1918）的集合論可以充分解釋此處可能相互矛盾的多重空間。更重要的是，根據康托的說法，一個集合的組成部分必然比集合本身的力量更大，意味著本體必然會出現自身再現的過剩。這個內部的過剩，也說明了國家權力的過度膨脹會凌駕於人民之上。

巴迪烏指出，拉岡批評哲學將原本屬於三元項

的關係簡化為二元項。拉岡在1970至1975年間反
覆處理的拓撲概念，就是他所說的「真理─知識─
真實」不能分割的三元項。巴迪烏說，這個三元項
必然並存，也正是兩種話語的邊界。相對於「一是
什麼」，拉岡要說的是「有一個『一』」；或者，
換一種說法，巴迪烏認為拉岡要討論的是「純粹
存有是不被綁束的多」。「存有的多」與形式化之
間，便有一個困境。對拉岡而言，真實（the Real）
可以定義為「遠離─意義」（ab-sense）。只有在遠
離意義，從意義撤離，意義的不在場，才會朝向真
實開啟（Badiou, "The Formulas of "L'Étourdit"）。

　　對巴迪烏而言，正如對拉岡而言，主體只是一
個「功能」。主體化的身體是內部分裂的身體。巴
迪烏說，任何被主體化的身體，都已經是被橫槓劃
過的身體，因此也是分裂的身體。主體是促使身體
的物理性發生與事件的印跡連結的行動：事件之後
隨著命名而出現一個新的身體。但是，事件之後出
現的身體，並不全然與事件本身等同，而是一種可
能性的標誌；隨著事件軌跡與其後果，「從一點到
另一點」地出現。

　　這個「點」，同時也涉及了主體與在場的關
係：身體在此決斷之點被分裂為二：一個面向是當
下在場的器官，另一面向則是不在場的或是負向

的組成元素。這個被分裂為二的身體，被標記為打上了斜線的 C（*Corps*），是被裂縫分割，被主體化形式抹除了一部分的身體。巴迪烏以相對於象徵秩序之「結構場所」（*esplace*）而出現的「外場所」（*horlieu*），來說明主體透過「扭轉之力」脫離了結構性狀態場所的靜止狀態，而將某個內部的「外場所」——屬此又不屬於此地的「非空間」——翻轉而使其發生。這個藉由「力」，由內而外，將「外場所」帶出的物質無限辯證過程，便是巴迪烏銜接拉岡而說明的主體拓撲學（Badiou, "Theory of the Subject," *Logics of Worlds*）。

巴迪烏指出，造成存有無限性的屬性，便是「知性」本身。知性可以操作「扭力」。巴迪烏認為，這個扭力概念之謎，是理解斯賓諾莎（Baruch de Spinoza）存有理論的核心，正如同盧克萊修（Lucretius）的理論之謎是「偶微偏」（*clinamen*）的概念，而集合理論的概念之謎則是連續體（continuum）的假設。思想之力的謎在「直覺」；思想就是存有的絕對展現，透過重複、複製、摺層，而展現內部的無限性（Badiou, "Spinoza's Closed Ontology"）。

巴迪烏認同拉岡、阿圖塞、傅柯等人的分析取徑。他們都持續對於具體形勢與物質條件進行辯

證分析，以便探問有關真實（the real）的問題。巴迪烏不留情地批評當今西方世界人道主義之道德口號。他認為這些強調人權的倫理意識形態，基本上遵循著康德的倫理觀，認為倫理是判別的標準，善是藉以區分惡的原則，對於惡的懲罰是絕對必要的。但是，巴迪烏指出，當今的倫理共識立基於辨識「惡」，依此而集結人群為善，反而成為惡之源頭。真正的倫理，是尊重真理的「多」，是透過努力工作而將多數的真理帶出來的程序。

巴迪烏強調的真理的激進性或是戰鬥性（the militant of a truth），是不容許將自身話語合理化的蒙昧主義（obscurantism）。這種激進的戰鬥性，需要挑戰既有共識結構，從具有壓迫性的話語體制中扣除自身，並且將自身所經驗到的難以言語的變化說出。巴迪烏所說的「基督事件」（Christ Event），就是指「即將降臨的變化」（a coming [*une venue*]）：拒絕縫合於任何體制，拒絕合理化自身，不斷以補遺方式說出的軟弱的話語（Badiou, *Saint Paul: The Foundation of Universalism*）。

此處，巴迪烏提出了十分具有弔詭卻是重要的論點：要維持話語的軟弱位置，需要有戰鬥力，而且要挑戰輕易合理化的論述體制，不容許任何蒙昧狀態的延續，並且要將經驗到的事件變化說出。只

有這種赤裸事件的語言，才會捕捉到思想。巴迪烏
說，主體要日復一日地確認可以透過精緻敏銳與微
妙迂迴的思想保留這種軟弱位置，以便此位置不被
摧毀。

　　從拉岡所提出的想像界、象徵界與真實界三
環相扣的動力空間，阿圖塞的區域結構與整體結構
的複雜體系與多重決定，傅柯的知識—權力—主
體，或是真理—機構—倫理，已經有效地說明一個
時代性的社會空間如何以其物質性與機構性的存在
條件，呈現了主體的出現模式以及其不可能，也造
成政治性空間與政治性話語得以存在或是無法出現
的基礎。然而，透過巴迪烏所說的政治—歷史—主
體，我們更可以進一步思考拓撲學的政治性，或是
思想扭力所帶來的政治拓撲學。

　　社會的政治性空間，是人們聚集的地方，以
行動與言說共居一處，面貌清楚而平等地出現。我
向他人出現，正如同他人向我出現一般：這就是最
大意義的出現空間，也就是政治性空間。然而，如
同洪席耶（Jacques Rancière）所探討的，一時一地
的符號法則，界定成員屬性，劃分內外，建立穩定
治理的分配結構，以及制定「有分」或「無分」的
法律，造就了穩定的治理秩序。這種計算模式使得
身體銘刻於符號法則的感知配置，包括活動、存在

與說話方式的秩序。身體依照其被賦予的名字，而被指派到特定位置，執行其任務。這是「可見」與「可說」的秩序，使得某一些活動為可見的，而其他的活動卻是不可見的；某人說的話可被當成言語來理解，而另一人說的話則被當成噪音，不被理會。因此，政治性的行動，意味著以語言、行動、藝術、表演等等不同形式，挑戰現有的共識結構，鬆動原本分配邏輯以及其「有分／無分」的劃分線，使原本不可見者轉變為可見，改變任何身體原先被分配的位置與目的。以巴迪烏的說法，這種打破感知配置的政治性行動，就是打破既定出現邏輯的行動，讓「新」的空間得以出現，而更改了原本集合的構成邏輯。這是透過扭力而出現的新的空間：新的思想、新的藝術、新的科學、新的愛情。

第五節
本書對於心態史拓撲學的定義

　　新史學家海登・懷特（Hayden White）曾經提醒我們，大歷史之外的各種小歷史，各種圖像、雜誌、海報、地方報導等看似雜亂而無意義的原始資料，其中仍舊可以透露出某種修辭結構與詮釋策

略，因此必須納入考慮。雅克・勒高夫則提出心態史的研究視角，不僅從大系統切入，更要從文字資料與主導意識形態之外的視覺圖像與其他藝術符號所呈現的複雜主體認同狀態與思考模式。懷特與勒高夫的論點都說明了思想史以及編年史不足以解釋一個時代的思想狀態與感性結構。各種文學作品、視覺圖像、樂曲歌謠、電影與攝影的影像，甚至政治辯論與哲學思潮，都有複雜的構成因素與回應脈絡。當我們檢查各種原始資料，例如政策文宣、教科書、文藝美學、電影文本、政治思想，或是文藝刊物的發刊詞、論戰、同仁文章，甚至此刊物的封面設計、刊頭設計以及插圖，我們會發現這些原始資料，無論是大系統或是小系統，都已經屬於某種再現與敘事系統，可能已經被某種「形式」寫成，而且依循此種形式邏輯而與其他原始材料呼應串聯。

　　我的研究過程讓我對於心態史與歷史敘事有更為複雜的認知。我會開始思考一系列的問題：被收納為同一意識形態陣營的紛雜史料背後，無論是文學、哲學、視覺圖像、表演藝術、政治文宣，是否其本身存在著巨大的矛盾？這些矛盾為何會出現？此矛盾隱藏著什麼訊息？折射出什麼形態具有辯證而相互依存的關係？這種矛盾辯證關係如何讓我們

對於這個時期的心靈狀態，有更為複雜的解釋？這些心靈狀態以及感性結構，是在什麼樣具有歷史縱深而複雜多重的過程中所造成的效果？換句話說，當我們參考了各種代表性或是邊緣性的文本，我們真正面對的，可能是充滿斷裂而複雜的文化動態，以及其背後所牽引的更為複雜的精神狀態歷史。除了歷史時期的主導意識形態與各種小系統會造成表義與詮釋的歧異之外，文字與圖像本身所具有的「負面意識」以及「精神狀態」，更可以提供我們有關主體與歷史的複雜狀態。

因此，我在本書中所提出的心態史拓撲學，是對於一般所論的思想史以及新史學者所提出的心態史，提出進一步的修正觀點。從佛洛依德與拉岡的正負並存與主體拓撲學，到阿圖塞、傅柯、阿岡本所提出的權力拓撲學及知識考掘學，再進入巴迪烏的集合拓撲學以及他所啟發的政治拓撲學，我們看到了牽連了個人感性拓撲結構、歷史縱深的思想拓撲、以及社會空間透過思想扭力打破既有分配模式的政治拓撲動力。在拉岡那邊，「真實—想像—象徵」的拓撲關係，說明了分裂主體出現與遮蔽的那一「點」所牽動的多維空間；這個多維空間說明了處於兩種話語邊界的拓撲面，是「真理—知識—真實」多向度的權力拓撲空間。阿圖塞則指出區域

結構與整體結構之間的相互作用，是一個多重決定的複雜動態結構，必須要透過症狀式閱讀的雙重過程，才能夠充分掌握。傅柯的「知識—權力—主體」的三重空間，匯聚於主體之環結；真理視線的空間化，在物質社會中層層疊疊，搭建出政治、經濟、司法、教育、文化等體制，相互映照支撐，其效果顯現於主體以及其產出的作品之上。這整套物質性部署，就如同阿岡本所說，是透過了歷史元素而被經營與操作，在不同的異質性動態空間中彼此交錯覆疊而發生作用。在巴迪烏這邊，他援用了拉岡的拓撲概念，說明理念需要有符號才得以肉身化與外顯化；在主體所歸屬的特定歷史斷代與局部條件中，主體作為連結點，透過符號性的身體化而出現，尋得了作為主體的可能性。

　　主體所認同與回應的符號法則，受到了歷史時空所決定的話語邏輯，以及各種形態空間化與物質化的學科知識、司法程序、法律制度、教育體制、印刷出版、媒體傳播。主體的自我定位，如同打樁，或是劃定了分離線的界標，在想像位置以及象徵秩序之間，透過可以投資的對象物，呈現了自己，也遮蔽了自己。無法完全被符號化的範疇，則是歷史運動與主體自身不被限定的空間所帶來的不斷變化，所謂的真實界。「想像—象徵—真實」的

三元拓撲結構，從一點到另一點持續變動，也牽連
「主體／想像」位置以及「象徵」符號法則的相依
相成，在時間向度多方面進行的「真實」運動。從
這三個向度推展，我們會觀察到變形但不斷延續的
動態拓撲連續體。

在這個三環相扣的拓撲環節中，主體自我設下
的分割線，是各種物質對象或是觀念對象，透過命
名，如同兌換幣，接受了時代性的價值體系，暫時

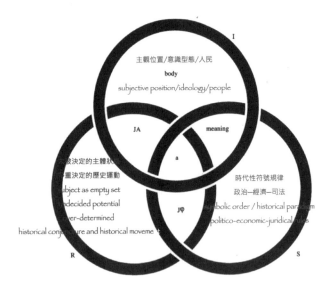

上圖說明主體的位置是以其身體所座落的物質環境以及各種條件部
署，作為其想像認同的起點，涉及了想像的意識形態與想像中的人
民，扣連了時代性的符號法則，以及政治、經濟、司法的規則，真實
的運動則是持續的歷史運動以及未被決定的主體狀態。主體透過a的表
記出現。圖片來源：作者自製。

穩定了主體認同的位置，也遮蔽／滿足了主體的欲望。拉岡以及巴迪烏所說的「切割機制」，說明了這個劃分線代表了整套的話語機制所起的作用，以及其所操作的物質部署。

心態史拓撲學的分析路徑，首先必須辨識歷史中的主體，如何選擇「我」這個表記a作為兌換幣，銜接了三個向度的拓撲空間：「我」的主觀想像位置，處於社會文化的符號法則與法律規範提供的話語邏輯，以及尚未被符號化卻在時間軸線上實際存在的真實運動。透過主體所投資的「對象物」，我們能夠以回溯的方式，理解任何思想史或

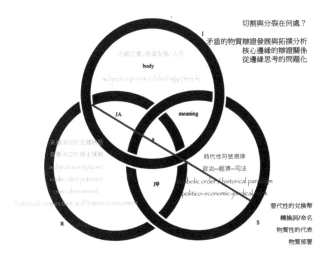

上圖顯示，不同時代的社會與文化脈絡，會出現不同的切割線，而造成了權力與真理的不平衡分配。圖片來源：作者自製。

是論述叢結，都是時代性過程所生產的印記，也揭
露了時代範式切割機制的效果。主體的出現，並不
只是一個命名的動作，還牽涉了話語裝置以及物件
部署，甚至進行體制化以及法制化，而穩固這個主
體空間。這個主體空間的權力機制，牽連了知識、
感性、教育、司法、文化、政治與經濟等等現實面
向的物質條件。這些物質條件促成了主體如此出現
的模式，更預設了悖離的可能性。從主體部署自身
的話語裝置以及體制化行動，我們獲得了這個時代
性話語邏輯的標記，也可以從而分析其中的權力結
構與權力部署。

　　對我而言，拓撲式的批判研究必須提出的質
問是：切割與分裂發生在何處？這一條細微的劃分
線存在於意識與無意識之間，可以自發地運作，產
生了身體性的反應，例如噁心、厭惡、不可碰觸、
歧視、賤斥，或是憧憬、愛慕、欣羨、渴望，也會
形諸於道德判斷、行動準則與法令規章，以自發的
道德高度主動執行排除與壓制。我們如何辨識這一
條變動的切割線的空間化形式？透過什麼話語標記
與法律機構？如何造成了普遍大眾的心態與行為準
則？因此，我們必須對話語標記進行哲學考掘學，
探究時代脈絡的物質條件如何激發了主體的思維與
感受，如何進一步促成教育體制與司法文化機構的

形成，以及如何透過各種話語標記展現出書寫者的
主體拓撲位置。

　　心態史拓撲學是屬於「唯物辯證」的分析方
法：「唯」意味著「因」、「依」、「以」。我們以
回溯的方式，分析隨著「物」而啟動的辯證轉化運
動，如何說明了依附身體而運作的心靈意念與體制
機構，以及心靈如何回應物質世界，繼續闡釋發展
其感性結構與思想樣態。

　　心態史拓撲學以多重軸線的辯證分析，所提出
的研究問題是：在中文語境中，話語標記如何指出
了時代性的話語邏輯？書寫者承載與揭露了什麼樣
的時代範式？如何以各種治理技術強化這個時代範
式？是否提出一個待解決的問題？如何打開了一個
歧出的思考方案或是藝術空間？如何在中文語境中
出現了一次抵制當時主導性話語邏輯的行動，發生
了一個例外的主體性思考空間？

　　這些問題，導引了本書心態史拓撲學的研究。

第二章

心態史知識範式轉型的
歷史縱深與多重軸線

第一節
心的政治

拓撲學既然是研究空間的學問，自然就不會停留於個人的心理空間或是感覺層面，而必須以其所座落的社會脈絡以及符號法則來理解。這些物質條件與符號法則，都是座標軸上的變數，構成了「我」之所以為「我」的可能性條件與不可能性因素。社會空間中的每一個點，都是不同歷史軸線的交錯，牽涉了不同時間點所匯聚的不同座標軸的拉扯，也因此構成了一個動態而有時間縱深的拓撲空間。這個空間的變化，受到了不同向量的因素而改變。

我在本書序中說明，我選擇以「心」作為人之所以有感受而被激動的主體位置，原因是在中文的脈絡下，「心」十分適切地解釋了綜合思想情感與意識面向的心靈活動。激動的「心」被時代語言與論述所構築，促成文字、影像、制度、法規以及政治行動的發生，也讓我們可以探討「心」的姿態如何在不同的歷史時刻展現，而構成了心態的不同面貌。

我過去二十多年進行的心態史四部曲，選取了幾個歷史時刻中具有代表性的詞語進行拓撲式的考

掘學研究，例如中國二十世紀初期的醫心、治心、心傷、心的進化、革命心法、洗淨夷狄之心等辭彙的出現與變形，如何反映出民族精神與文化認同的座標轉移。同樣的，特定詞語，例如「天下」、「勢」、「法」、「空」、「無」、「儒法鬥爭」、「一分為二」、「天人合一」，也會在不同的物質條件與政治經濟脈絡之下，指向了不同的意義範疇，而展開不同的詮釋架構。從歷史拓撲環節扣連到主體拓撲結構的往復迴圈，所謂「心之拓撲」的環節點，便是我的書寫計畫，也構成了心態史拓撲學的四部曲。

　　在《心的變異》這本書中，我探討了在中國與臺灣二十世紀歷史過程中，為何出現了以國家與領袖作為對象，而投注所有精力與熱情的問題。我當時提出的問題是：為什麼中國與臺灣的現代化過程中，統治權會被放置於一個具有神聖性的論述位置？為什麼這些神聖論述又與一個巨大的歷史同質化過程並進，而隨之與相應而生的排斥清除機制相連？從中國1920年代的前衛精神與革命換血的訴求，到30、40年代的革命心法、廓清內心淫邪汙穢，或是臺灣皇民化論述中滅私奉公、洗滌自身夷狄之心，是什麼樣的「心」的路徑？「心」為何而激動、昂揚、悲壯，感受「心之創傷」，厭惡他者

而義憤填膺，甚至亟欲除之而後快？為什麼這些浪漫而絕對的統治主權可以完全吸引人民的熱情，以至於其人民要以近乎報恩的感激犧牲心態效命？

進一步的問題是：中國二十世紀1920、30年代與臺灣在30、40年代所出現的烏托邦思維與法西斯心態，與歐洲的納粹法西斯主義，為何有所關聯，卻又有其內在各自發展的必然？這種統治主權的絕對與神聖性格，以及伴隨發生的排除賤斥系統，是否形成了一種心理地層，以某種方式微妙地掌握了人民的主體位置與身分認同，而在不同歷史時期，透過不同形態不斷復活？

我所討論的，其實不僅僅只是生命如何被治理的「生命政治」，而是在中文脈絡之下「心」如何被治理的問題，也就是「心的政治」如何被操作的問題。

無論是1920、30年代的中國，或是30、40年代的臺灣，不同的片段敘事中所呈現的「公」的想像、「群」的渴望、鋼鐵意志與陽剛美感的追求、生產報國的優先性、國家神聖的凸顯，或是區分正邪與清洗汙穢混亂的迫切、打擊軟弱與病態的合理化，都有類似的修辭。當時的青年所迫切尋求的民族形式與要求釋放的生命衝動，牽涉了對於現代性線性發展與進步的追求，以及對於「公」的想像。

同時，相對於此線性進步，也產生了落後創傷與苦悶沉鬱，以及企圖彌補追趕落後而攀升的欲望，或是要求釋放的生命衝激力。

中國與臺灣早期現代化過程中所經驗到的「社會體」的創傷與苦悶，透過翻譯廚川白村之概念與詞彙而尋得表達途徑。在這個過程中，透過翻譯而引入的詞彙，很奇妙地被本地的語彙所融合，而轉化為在地性的認知形態與感受模式。在線性想像中，生命衝激力是針對單一體系的優勢位置而產生的相對動力。這種生理主義與進步論述背後想像的線性邁進與生命衝激力，被架構於時代的苦悶與「心傷」的論述之中，透過熟悉廚川白村式的柏格森《創化論》的知識分子，如魯迅、郭沫若、胡風、張我軍、葉榮鐘等人，在文藝論述中反覆闡釋發揮而擴散。《孤兒・女神・負面書寫》與《心的變異》完成之後，我開始處理這兩本書背後所隱隱指向的「心的治理」之問題，也就是《心之拓撲：1895事件後的倫理重構》所思考的知識範式轉型：十九世紀末知識範式轉型如何提供了「心的治理」的論述基礎—「倫理政治經濟學」。

我認為，要理解一整個世代的感受結構與真理依歸，還是必須回到前一個世代的知識範式如何被建立起來，如何構築了真理與倫理的主體位置，以

至於心之驅動可以令人自主而自發地朝向共同的方向前進。因此，我從主體的感受性結構出發，必然要回溯表面的話語表記如何迂迴地遮蔽卻又指向底層的複雜空間。這個複雜的空間，包括了主體所處的時空，主導意識形態所驅動的法律—政治—經濟等物質條件，以及主體以自發的倫理位置再次構築情感與抽象概念的「對象物」的動力。這個多重拓撲軸線牽動了臺灣的心態史地形變化以及不同階段的「心的政治」。

第二節
現代主體的倫理話語：從日本到中國

從十九世紀中期開始的知識範式轉型過程中，從日本到中國，透過重重的翻譯與衍繹闡釋，建立了新的倫理主體範式。十九世紀中後期大量出現的倫理話語以及其所建構的「國家—主體—倫理」共構位置，無論是日本明治維新開啟的知識翻譯與論述，或是晚清啟蒙知識分子以積極而真誠的努力所建立出的知識範式，都刻畫在語言之中，透過教育體制以及各種大眾化傳播的媒體延續，因此有其長遠的後遺效果。

　　日本明治時期到昭和時期，大量的知識翻譯與論著中，倫理學是重要的話語建構工作。幾乎每一個重要的思想家，都必然要談論倫理學的問題。我們注意到，這些倫理學已經充分顯示出以國家為思考框架的市民社會倫理觀念，以及當時盛行的功利主義與道德進化論的觀點。斯賓塞等人所討論的「社會有機體」以及「最大多數人的幸福」，使每個人的「道德意識」都被納入了生理學的領域，而根據健康或是不健康、正常或是不正常的分類，進行管理或是懲罰，進而清除不健康與不正常者，以便使其慢慢朝向進化的階段發展。

　　日本在明治維新時期所接受的西方教育思想，影響最為深遠的是德國的倫理教育理論。森有禮於1884年自歐返日，擔任文部大臣，協助伊藤博文建立各級學校之學制，包括小學校、中學校、師範學校、帝國大學等。森有禮深受德國的國家主義思想的影響，而提出了「國體主義的教育」，強調教育是人民之護國精神，忠武恭順之風俗，而使人民成為富強之國的「無二的資本，至大的寶源」。森有禮也是首先提出學校採用兵式體操的倡導者，並於1885年在師範學校實行，以軍隊的隊伍編制分班，著軍服。日常生活包括飲食、沐浴、日用品等，一切以兵營方式管理。

日本文部省翻譯局於 1882 至 1884 年翻譯出版德國佛朗茲（Gustav Adolph Constantin Frantz），日譯為佛郎都）的《國家生理學》（*Physiologie der Staaten*），說明了當時日本對於「國體」的想像，也呼應了伊藤博文與森有禮對於整頓教育所進行的種種國體教育的論述與措施。從這本書中鋪陳的「自然有機體」的說法，可以得知「國體」概念如何深入政治體系，也就是「政治生理學」或是「國家生理學」的架構。這本書將國家視為如同動植物的「自然有機體」：如果體內的「液汁」循環不良，則國家必然衰弱；內部組織服從於全體的目的，正如動物體內的器官服從於腦，而政府便是執行此全體目的中樞器官。井上哲次郎於 1891 年《敕語衍義》，也明白闡釋國體的有機體概念：「國家和有機體相同，君主比如心意，臣民比如四肢百骸」，「國君之於臣民，猶如父母之於子孫」。《敕語衍義》發行數十萬冊，作為教科書，被廣泛使用，而成為日本修身教育的基本方向。

令我們重視的問題是，知識分子以中文大量翻譯或是轉述引介由東洋日本介紹進來的西方知識，並且進行心理學、倫理學、社會學、政治學與歷史學等不同人文學科的知識體制化工程。完全一樣的文字，例如最大多數人的利益、細胞與身體的有機

體結構，如同分子與整體的關係，也繼續在中文脈絡中流通，出現於不同學科的教科書中。在梁啟超、羅振玉、杜亞泉到五四知識分子的書寫中，這些語句反覆出現，成為「群」、社會與倫理概念的基本構元素，並且持續出現於整個二十世紀中文世界不同地區的治理話語中。

第三節
晚清到民國的倫理政治經濟學：
一個時代的知識生產與範式轉型

晚清知識分子的書寫都反映出時代主體的感受性位置。他們先後主辦《清議報》、《新民叢報》、《民報》、《教育世界》與《東方雜誌》，或是積極介入的《萬國公報》、《教會新報》。臺灣知識分子與清朝知識分子共享這些時代性的大眾刊物，使他們有一個長時間持續介入的扣連點。他們以社論、譯介、論著、論戰的方式，一次又一地提出對於時代困境自覺的呼籲與解決方案，也讓我們看到他們的書寫中清楚的主體化行動與實踐方案。弔詭的是，他們充滿主體聲音的論著，穿插雜陳著十九世紀至二十世紀流行的不同學科的西方知

識，其中不乏彼此矛盾的論點。

晚清知識分子試圖回應當時的變動世局，同時身處於因世局變動而挪移的主體化過程之中。說話者使用了同時代的讀者所可以理解的語言，面對時代的問題，呈現了同時代人所期待的發言姿態，也可能挑戰了當時的期待。無論以正面或是負面的方式，其發言都鑲嵌了時代的話語模式。他們既分享了這個話語體制的問題意識，也實踐了這個體制所認知的不同解決方案。在這個倫理重構的話語環節所牽涉的「心的詮釋」中，出現了一種特殊的「倫理—政治經濟學」，也就是中文脈絡下現代國家所試圖建立的（國民）「主體」的基礎。（國民）主體的倫理生活被計算為國家資本，在群性之下所定義的國民道德、民族精神、愛國情操或是合群素質等等倫理屬性，成為了國家生產力的籌碼。相對於傅柯的生命政治（bio-politics）中關於生命治理的概念，我提出了「心的治理」（psyche-politics）的概念以及「倫理—政治經濟學」的問題。

我討論這些書寫者如何定義個體與群體之間的倫理關係，以及如何以此倫理關係而實踐教育體制以及大眾化知識的傳播，並且指出這些文本中對於「心」的描繪以及倫理主體的詮釋，如何透露出了一個時代話語邏輯的轉向。在這個特殊的歷史環節

處，倫理主體成為這些不同文本中反覆描繪構築的
「對象物」。這一系列涉及「心」之詮釋與治理的
各種倫理話語，有革命與啟蒙的激情理想，也有改
革教育制度與普及知識的熱切，更有重新引介與闡
釋儒家思想的使命感。這些文本陸續展開了二十世
紀中文脈絡下從民族、國家、社會到個人環環相扣
的概念叢結，而使得這些概念叢結看似不證自明，
並且反覆出現於不同的主體文本之中，而貫串其間
的則是具有群性與倫理面向的現代主體圖式。

傅蘭雅的《佐治芻言》與《治心免病法》

我們可以用傅蘭雅（John Fryer）的《佐治芻
言》與《治心免病法》作為一個代表性的切入點。
傅蘭雅是在中國居住長達三十五年的衛理公會傳教
士。傅蘭雅與王韜等人主持「格致書院」，規劃西
學課程綱目，講授科學知識。

傅蘭雅所翻譯的《治心免病法》，原著是美
國一個退休商人亨利烏特（Henry Wood）所寫的
《心靈攝影的理想建議》（*Ideal Suggestion Through
Mental Photography*），被稱為美國十九世紀中期
興起的新思想運動的啟蒙者之一。亨利烏特的《心
靈攝影的理想建議》完成於1890年，如同勸世箴
言，是一本具有強烈宗教色彩的心靈治療（psycho-

therapeutics）手冊。亨利烏特對於「心」的詮釋，很明顯地是被架構於十九世紀進化論與心理衛生的意識形態之中。全書主要部分在於申論「不合之思念有害於身」。亨利烏特指出，正如聖經所言，「人的靈都被遮蔽」，而人的「惡」是思想或知覺之遮蔽與偏向所造成，都是意識之誤導。因此，心靈治療就是透過思想的規訓與控制，來治療被遮蔽的心靈，以便釋放心靈的力量。

傅蘭雅將亨利烏特的「醫心法」介紹入中國，並將亨利烏特所提及的幾個思想相關概念，例如思想的力量、心靈活動、心靈操作、純粹理想、更崇高的精神自我等，都以「心力」翻譯。在傅蘭雅對於心力的翻譯以及原著者亨利烏特對於心力的詮釋中，我們不僅看到了以電力為比喻，可以馴化導正並且可以操練利用的心力，甚至也看到了對於心力的心理衛生、善惡二元、自我暗示、自我監控以及自我改造的治理論述。透過學科論述合理化，包括社會進化、協力說與心理衛生學，個人的思想與個人的倫理位置已經進入了被管束與治理的範疇。《治心免病法》由上海格致書室發售，與其他傅蘭雅所翻譯的衛生學方面的書，都被益智書會納入衛生學方面的教科書，影響甚大。

另外一本傅蘭雅於1885年翻譯的《佐治芻

言》，則是典型的政治經濟學。《佐治芻言》是戊戌變法以前介紹西方政治和經濟思想最為系統的一部書。康有為與梁啟超的變法通議中，有明顯的《佐治芻言》的痕跡；當時傳教士的維新建言，也與《佐治芻言》的論點有多處重複。《佐治芻言》的原著《政治經濟學》（*Political Economy*）雖然只是一本並不著名的教科書，卻相當有代表性地反映了時代主導性的觀點。《佐治芻言》全書共三十一章，從家中大小事務與經濟生產之安排布置，擴展到社會國家的經濟治理，從家政（eco-nomy）到國政，包括法律、教育、生產、資本、貨幣、銀行到國際貿易等面向之管理問題，全部都含括在內。在這本書中，我們看到亞當斯密的《國富論》所楬櫫的自由主義經濟，從個人之利益與競爭原則，到分工與互助。很明顯的，此自由主義經濟是在國家的財富與利益之下被構想與配置的。

　　傅蘭雅所翻譯的《佐治芻言》與《治心免病法》，一個從國家政治經濟學出發，一個從心的治理出發：前者由外而內，後者由內而外，兩條路徑的匯聚點，在梁啟超作為其知識對象的「新民」論述與國家治理邏輯中充分展現。在「心的治理」的心理衛生以及倫理政治經濟論述模式之下，人民的思想與情感狀態成為了可見性體系之下的單位，也

進入了衛生清潔的分類、規訓、治理、計算與生產的範疇。傅蘭雅所提出的「人心與天心同」以及「人心是天心的一小分」，反映了當時透過基督教思想所展開的民權說，其實是讓人從屬於「天」與「整體」，也側面呼應了《佐治芻言》以及同時代政治經濟學對於整體社會利益之計算模式。因此，從《治心免病法》、《佐治芻言》到《新民說》，我們清楚看到了心力被視為可計算、馴化、利用與導引的生產力，並且被放置於群體的經濟利益計算之中。我們便能夠理解為何梁啟超會在討論新民概念時，論及有關「生利分利」的問題。

梁啟超的心力與倫理政治經濟學

梁啟超所討論的生利，是以國家的生產與維持為原則，而生產利益。梁啟超將生產利益之力，區分為體力與心力，心力則包括智力與德力。他並且強調「生計競爭之世界」，而以《大學》中所謂「生之者眾」，來強調國家的興衰，都繫於其生產力，所謂的「總資本總勞力」；一國若有「殖產之術」，累積財富，則國家必強盛。當梁啟超將體力、智力與德力都計算為國家之生產力，道德倫理便成為檢驗國家競爭力之條件之一。他甚至具體提出如何讓人民恥於不事生產，甚至能夠透過工作

而得以「自新」。個體之生產力成為道德判斷的準則，若無生產，則為人所恥；個體的智力與德力也屬於生產力之條件，所謂德力，或是新道德，牽涉了公德、對團體之義務、崇尚心力、膽力與體力的尚武精神、民氣之民力、民智、民德。因此，如何教育人民，以使其智力與德力得以增強，就是梁啟超新民計畫的核心關切。

　　梁啟超除了將人民之道德納入服務於國家的生產力，以求利於群體之外，更將人民在社會中的位置計算於政治活動之中。梁啟超引用亞里士多德關於「人也者，政治之動物也」的說法，認為政治能力是人的天性，但是此天性如同生物進化之公理，若長久不用，便會日漸萎縮。對梁啟超而言，政治能力須要被培養，如果不培養，則國家無以自存。培養的方式有二，一是分工，一是合作。梁啟超強調，國家中的每一分子都需要健全而有能力，更重要的，是要中等社會的能力，使其有思想與專業。因此，他提出「分業不遷」，也就是所謂的專業分工，要求人們以專業為其專精，不要紛雜。

　　梁啟超將從屬於國家的「群性」定位為區分人與動物的德性，而他所使用的幾個比喻模式——全體與部分、身體與器官、父母與子女、公司與辦事處，則將個體的生命與國家的相對關係確立下

來。此處的關係結構，牽涉了身體化與生理化的有機體與器官的關聯，這也是全體與部分的關聯。個體在國家之中的契約與法的設定，更牽涉了營養物質的分配流通以及經濟交換之模式。梁啟超提出的「民受生於天，天賦之以能力」，以及將心力德性從屬於國家之利益；這種可分享而被計算的「心」，更將政治與德性重疊。顯然梁啟超並不要僅僅訴諸於牧羊人的引導或是幾個知識菁英分子的經營，而更要將每一個個體從其德性自居之位置建立起來。這是主體化的根本起點。

不過，更引起我們注意的是，梁啟超將這種生理化與倫理化的國家論述附著於自由主義式資本邏輯的政治經濟學的概念，使得心力、德力都被納入以國家為最大利益之下的計算模式，而參與了政治經濟學的邏輯。「生利」的原則以自利為起點，而以自己的利益出發並不是真正的利益，真正的利益要從更大的整體利益來計算。此更大的整體便是群與國家。當心力與德力從屬於此國家的經濟利益的計算模式之下，國家的邏輯便處於最高點。

國家若要強盛，則必須生產，並累積利益。人民的道德，是維護國家最大利益的義務。然而，當人民的倫理位置被建立於此，政治經濟學的自由主義與放任原則，便是使得人民成為自己的主人，

積極地自行經營此德性資本與財產。這就是梁啟超如何構想塑造新民的新道德革命。梁啟超要將人民從舊道德中喚醒，要刺激人民的競爭力，而這種倫理的政治經濟學，便構成了他的新民基礎。至於建立新國民的工作，也必須從建立「新道德」開始著手。梁啟超開宗明義便指出，「國也者，積民而成，國之有民，由身之有四肢、五臟、筋脈、血輪也。未有四肢已斷，五臟已瘵，筋脈已傷，血輪已涸，而身猶能存者；未有其民愚陋、怯弱、渙散、渾濁，而國猶能立者，故預期身之長生久視，則攝生之術不可不明。欲其國之安富尊榮，則新民之道不可不講。」（《新民說》）因此，梁啟超的「新民論」其實是「道德革命」之論。

傅蘭雅與梁啟超代表的是一整套知識脈絡以及知識生產的體系。梁啟超的背後，除了傅蘭雅以及當時傳教士翻譯的新知，還有他自己所熟悉而大量抄襲的德富蘇峰《國民新聞》刊載的尚武啟蒙概念，包括自覺與自發的市民、公德與公腦、國民元氣、英雄與時勢、強者權利、少年新生、興亞之責在日本等論述，以及德富蘇峰背後日本文部省於1880年代大量翻譯的德國教育理論、社會理論、國家理論等書籍中，充斥了此類論述。

羅振玉的《教育世界》與杜亞泉的《東方雜誌》

　　羅振玉所主辦的東文學社與《教育世界》，也在當時推動日本教育理論、教育體制與教科書扮演重要的角色。他於1898年創辦東文學社，主要目的是培養日語翻譯人才。學社內之課程以日文為主，另輔以修身、教育、歷史、地理、數學、格致。羅振玉於1902年出訪日本考察，收購了日本教育制度各種章程一百多份，並且在《教育世界》連續翻譯刊載。羅振玉所創辦的《教育世界》從1901年創刊，是中國最早的教育學術刊物，到1908年停刊，總共166期。從第一卷到第十八卷《教育世界》全文刊載日本明治維新時期各級學校的章程法規就有八十四種。

　　羅振玉自己所撰寫的《教育五要》，清楚顯示他所承襲的日本（德國）教育理念：教育是作為治理的技術，而倫理是其根基。《教育五要》中幾個重點，包括教育有如「營室」，「教習猶工匠也，學生猶材料也，章程猶繩墨也，課書猶斧斤也。」要以本國的宗教、語言、文字教學，以國家民族的精神情感凝聚於本國的宗教、語言與文字之中。教育要強調「修身」，培養德行，以公德為最重要，以謀公共之利益。這些要點顯示出羅振玉的日本經

驗之痕跡，或是日本所銜接的德國教育理念，也就是以教育作為國民治理之技術，以倫理作為教育之首要項目。羅振玉更在《日本教育大旨》中釐清「國民」之定義：「所謂國民者，以受義務教育，與國家之興衰有關係之謂也。」「若夫人民之未受義務教育者，則不得冒國民之稱，以此等人民未進化也。」此處，國民與國家之興亡息息相關之責任與義務，已經明確界定。

　　杜亞泉於1900年在上海創辦了《亞泉雜誌》，由商務印書館負責印刷，推廣科學教育。1911年開始，杜亞泉擔任《東方雜誌》的主編，歷時十二年，負責商務印書館並且大量編撰教科書，更實踐了西方現代知識大眾化翻譯與傳播之工作。在杜亞泉十二年間的編輯主導方向之下，以及同時他在商務印書館與同仁共同編譯的努力下，上百種啟蒙新知以及教科書的學科引介，都朝向解決當時現代化以及國家問題的論述。無論是生物學、社會學、政治經濟學、教育學、倫理學，浸染著十九世紀西方話語模式的各種論述模式，並且以「精神進化論」為框架，以不同面貌在當時中文世界各種學科的通俗化層面擴散，深刻地構成了具有感性模式的倫理主體結構，以及以此主體結構為基礎的民族情感，尤其是當時廣為使用的各級學校教科書，例如杜亞

泉的《人生哲學》。

從杜亞泉主編的《東方雜誌》以及商務印書館編印的教科書來看，生理主義文化史觀的認知模式已經大量出現於民國初年現代知識的擴散過程中，也出現於大眾化的教育體制與閱讀經驗中。杜亞泉的生理主義史觀與文化停滯說，在1913年的〈精神救國論〉這篇文章中，發揮得最為完整，構成了他所提出之「心的進化」與「精神救國」的倫理論述基礎。杜亞泉的「心的進化」以生物學與心理學為根據，闡揚他所謂的「新唯心主義」的人生哲學，以彌補達爾文物種進化論與斯賓塞社會進化論的觀點。從西方生理有機史觀為視角而構建的中國靜態與停滯的說法，經過一個循環，轉而由中國的知識分子深刻地以反省與自我描述的模式引述。

以知識作為製造與管理的工具，對於杜亞泉的論述而言，是個核心的關鍵。杜亞泉以文化主義以及精神病理學診斷東西文明，提出治心之法，作為救國之方針，視社會亂象為需要清除的病菌與黴菌，並指出呈現病態的社會病體需要透過改變社會心理為起點，才有可能改善。以此觀點出發的教育原則，則以改造國民素質、改革人心為訴求：「吾儕社會之病態，時進時退，與間歇之瘧疾無異。瘧之發也，由於黴菌之作用，此黴菌入於人體至充分

發育時，病者即寒熱陡作；迨汗出熱退，黴菌由排泄以去，病體乃稍即又安。然黴菌雖去，其芽胞仍留存於病體之中，故屆一定之時期而瘧又作。改革云者，不徒改革其國體，且當改革其人心……吾國國體改革，雖已六年，而人心之積垢，則與六年前所異無幾。不必嘆社會之病弱，但當求個人之強健；不必痛社會之苶疲，但當期個人之振作。」

此處，杜亞泉以黴菌、病菌的滋生傳染，來描述社會中的少數人是造成社會發生病變的病因，必須要排除黴菌病菌，才能治癒社會之痼疾。他的論點提前呼應了德國第三帝國文藝政策中處理退化藝術的宣傳口號，也預示了中國1930年代南京政府推動新生活運動的美學／軍事之整體化運動。60年代中國大陸的文化革命運動，以及臺灣戒嚴時期的文化清潔運動與白色恐怖，莫不都是以清洗黴菌汙穢為修辭。在二十世紀之初，以社會達爾文進化論為主要依據的心理學話語，已經透過倫理學與救國論述，全面進入中文脈絡；以社會病理學的觀點提出改革人心、清理社會的論述，也早已經發生。

李春生與同化論：臺灣第一位哲學家

十九世紀末至二十世紀初的倫理轉折，也發生在臺灣。被稱為「臺灣第一位哲學家」的李春生，

長期著述與傳教，展現了典型的現代化的倫理話語。

　　李春生是福建泉州府廈門人，於十九世紀中葉遷居臺灣，白手起家，成為大稻埕茶商巨富，更是地方上政治言論的代表人物。李春生於1870年代開始便大量在《中外新報》、《教會新報》、《萬國公報》、《畫圖新報》等刊物發表議論，參與時代性議題，也曾經反覆為文評論梁啟超、康有為、譚嗣同等人之革命思想論點。李春生被同化論倡議者中西牛郎尊稱有超越尋常之「絕大思想」、「罕有其儔」。臺灣歸屬日本之後，李春生很快就決定入籍日本。1896年受邀訪問日本，受到文化差異之刺激，決定斷髮改服，並寫成《東遊六十四日隨筆》，連載於《臺灣新報》。

　　十九世紀末至二十世紀初的臺灣知識分子與晚清知識分子共享同樣的啟蒙新知脈絡，閱讀同樣的大眾報刊，辯論同樣的問題。但是，由於各自處境與立場不同，也發展出了不同的思考路徑。李春生甚早便十分關注世界與東亞的局勢變動，屢次透過報刊提出議論。1874年日本因牡丹社事件而出兵臺灣，李春生便連續撰寫六篇有關臺灣事件的建議，刊登在香港的《中外新報》。當清末變法自強之論述逐漸浮現之時，李春生與同時期主張維

新論的王韜、鄭觀應等人,都在1870年代開始大量撰寫變法議論,刊載於《中外新報》、《教會新報》、《萬國公報》、《畫圖新報》等處。在這些文字中,李春生積極鼓勵創辦日報、翻譯西書、創辦中西學堂,並且希望能夠「廣設學校,變化其氣質,涵養其心性」,比梁啟超之新民論還早發生。

　　李春生的推廣西學主要是為了希望能夠傳播基督教,因為他深信西方文明之進步是受到基督教的影響,而日本的明治維新成功,也是因為日本很早就接受了基督教。李春生對於「仁」的概念有強烈的關切。他一系列以「仁」為核心的倫理話語,一則呈現臺灣的基督教化儒學話語如何十分弔詭地成為日本殖民同化之同構語,再則也透過儒學親疏等差之「仁」的保守心態,提出了「對待」以及「憑藉依賴」,凸顯了「一作為多的匯聚」的倫理位置與政治性主張。

　　在李春生的一神論、宗教唯心、同一邏輯以及範圍界限主統觀念之下,範疇、內外與上下的層級區隔分明,屬於「天」的絕對原則規範了「勢」之所趨。能夠詮釋天道者,便能夠掌握「權」與「勢」,也能夠規範主體之本務,並且進行教化。李春生的「天道」與「勢」相互詮釋,而此種觀點之下的所謂普遍價值或是大同理想,其實仍舊掌握

在處於論述權力核心之手中。對李春生而言，治理
之道在於仁愛與教化。然而，這個「愛」是有等級
差別之區分。基於此「愛」所代表的唯一與絕對的
天理天道，宇宙秩序隨之被規範，「群」的概念也
才依序而生。此處，愛與憑藉依賴的組織力量，就
是群體的起點，也是認同與同一的起點。李春生的
論述看來自成道理，但是這個道理卻是在日本同化
的理論點為基礎而發展的。同樣談論「仁」的概
念，他與譚嗣同的論點就大相逕庭。他完全無法接
受同時期革命知識分子如譚嗣同等人所提倡的自
由、平等、民權等概念。

　　傅蘭雅、梁啟超、羅振玉、杜亞泉、李春生，
他們都只是一個時代知識生產機制中的一個齒輪。
透過這幾位代表性人物的書寫，我們看到從十九世
紀東亞地區現代知識範式轉型開始，不同的歷史時
刻與話語模式中如何出現了特定的主體話語以及倫
理治理的模式。無論是梁啟超在《新民說》中大量
引介德富蘇峰論述而呈現的治心論述以及政治經濟
學，羅振玉的東文學社與《教育世界》在晚清新政
所致力倡導的新式教育理念與倫理學，杜亞泉主編
《東方雜誌》十多年的文字工作所持續關注的心的
進化、接續主義與人生哲學，甚至李春生的基督教
化儒學倫理觀與親疏等差論，都透露出一種日本明

治維新以降展開的國家倫理主體觀。

　　主體被置入國家社會整體考量的理性邏輯，不僅是體力與智力，也包括了倫理性的心力與德力，都分別被定義為價值體系中的元素，而被納入利益功效計算與生產模式之中。個體的全部生命面向，包括主體最根本的倫理位置，也因此而被國家所計算與管理的可見性單位，以至於倫理這個無法被化約的根本位置，已經被各種關係模式所決定。透過大量翻譯介紹自日本的論著，而將架構於心理學、生理學、倫理學的「心的治理」通俗化與普及化，滲透於現代中文脈絡的主體意識與感受性世界之中。後續一個世紀的學校體制與教科書，也都隨著這個機制運轉。我們看到這些不同的倫理主體位置在二十世紀的不同歷史階段，如何轉換位置，也帶動了不同的文學情感與藝術創作。

第四節
心的治理：新生活運動、皇民化運動、文化復興運動

革命心法與新生活運動

　　回顧中國1930年代的文藝論述以及政治修

辭，我發現當時除了充滿唯心浪漫的文藝表現，也出現了追求新秩序的法西斯美學，以正常、正確、健康之集體一致性，排斥病態與奢華墮落，並且發展出文藝清潔檢查的政策。1930年6月1日在上海集會所發表的〈民族主義文藝運動宣言〉，是一群中國民族主義文藝運動者的宣言：「民族是一種人種的集團。這種人種的集團底形成，決定於文化的，歷史的，體質的及心理的共同點。」「民族主義的目的，不僅消極地在乎維繫那一群人種底生存，並積極地發揮那一群人底力量和增長那一群人底光輝。」「民族主義的文藝，不僅在表現那已經形成的民族意識；同時，並創造那民族底新生命。」（《前鋒》）

德國納粹黨於1933年開始，展開一系列焚燒禁書，檢查新聞電影，禁止現代主義繪畫展覽等以暴力清除異己的文化策略。我們知道，在1930年代的中國，這種文藝清潔動作早也已經出現。

1933年中央宣傳委員會成立了「電影事業指導委員會」，設立劇本審查委員會與電影檢查委員會。1933年11月12日，藝華影片公司被一群身著「藍布短衫褲」的青年湧入搗毀，署名「上海電影界鏟共同志會」，並留下傳單，威脅不得刊行任何赤色作家所作文字。1934年1月，「中國青年鏟共

大同盟」繼續散發宣言，要求各影片公司「不得再攝製宣傳赤化、描寫階級鬥爭和對於社會病態黑暗面的描寫」的普羅意識電影。同年二月，陳立夫亦在《晨報》代表官方發言，強調不准放映「煽動階級對立」、「挑撥貧富鬥爭」的普羅意識作品。國民黨中央黨部並於該年2月查禁一百四十九種「進步文藝」書籍以及七十六種「進步」刊物，6月，國民黨中央宣傳部又公布了「圖書雜誌審查辦法」。

　　檢視同時期的左翼電影運動，我們同樣發現了清理「毒素」的作戰策略。1930年代主要的電影製片廠如「聯華」、「藝華」、「明星」、「天一」、「電通」等皆傾向左翼。《晨報》的「每日電影」副刊於1932年6月18日刊登了左翼影評家聯名發表的〈我們的陳訴，今後的批判〉，提出電影批評工作的方針：「如其有毒害的，揭發它」，「如其有良好的教育的，宣揚它」，「社會的背景，攝製的目的，一切要解剖它」（程季華，《中國電影發展史》）。1933年5月1日與6月1日的《明星月報》連續刊登了左翼電影工作者王塵無《中國電影之路》的論點，強調中國電影當前的任務是「反封建和反帝國主義」，鼓勵揭露封建階級「對於民眾的剝削、欺騙與鎮壓」，「軍閥戰爭苛捐雜

稅」、「暴露都市社會生活的黑暗」，「赤裸裸地把現實的矛盾、不合理，擺在觀眾的面前」（程季華，《中國電影發展史》）。這種清除毒素腐朽之物，如同「有毒的花朵」，與納粹文化清潔運動自然是一致的心態。

1930年代的中國文藝電影論述出現了幾乎與歐洲同步的法西斯模式，背後的原因要以橫向的地緣政治與縱向的時間軸進行分析。當時，引起我注意的，是力行社的位置。研究力行社的鄧元忠指出，希特勒取得政權之後，法西斯風潮席捲國際。1932年日本當時由安達中野領導的國民同盟便成立了「新法西斯黨」。鄧元忠指出，1933年間討論中國出路的眾多文章中，從當時翻譯與介紹「法西斯蒂」的文字出現之頻繁，便可以清楚看見法西斯風潮亦普遍影響中國，同一年間《社會主義月刊》的創刊詞自稱是「中國研究法西斯蒂的刊物」，光明書局出版了《墨索里尼戰時日記》（成紹宗譯）與《希特勒》（楊塞光編譯），《晨報》刊登白樺譯述的〈法西斯蒂之政治理論〉與〈法西斯蒂之經濟理論〉等文章（鄧元忠，《三民主義力行社史》）。

當時南京政府所推動的「新生活運動」，以及在臺灣戒嚴時期的文化復興運動，我們都可以觀察到明顯的法西斯性格，以及其中的「心的治

理」模式。蔣介石於1933年9月在江西對著力行社
員發表「革命的心法」之演講，強調革命基本上
要「革心，也就是實踐」；革命團體是「用嚴密的
組織與鐵的紀律將所有的革命黨員結為整個的一條
生命」。「革命的心法」規定：「黨員的一切都要
交給黨，交給領袖，領袖對於黨的一切，黨員的一
切，也要一肩負起來！」透過革命的「心法」，我
們清楚看到組織化之下信仰、意志、權力與行動的
集中。以高度的組織化與軍事化所達到的權力集
中，目的是要建立以領袖為核心的信仰，並由此信
仰帶動無形力量的推動和控制。

　　力行社於1934年在南昌為了要發展「民族復
興運動」所發起「新生活運動」，更能夠說明法西
斯式的思考模式與修辭策略。新生活運動所要對付
的，是蔣中正於1934年2月在南昌演講時所指出
的「野蠻」與「鬼生活」。對付「野蠻」與「鬼生
活」的方式，就是新生活運動綱領中所謂的「藝術
化」生活。蔣中正曾經幾次說明此「藝術化」之
所指：「並非欲全國同胞均效騷人墨客畫家樂師之
所為」，而是「國民生活軍事化、生產化以及合理
化」，使全國國民生活做到「整齊簡樸，迅速確
實」，以便準備好「精神力量」，「萬眾一心，立
志奮發，不辭犧牲，不惜勞苦隨時隨地都可予敵人

以打擊」（1938年2月19日漢口中央電臺廣播）。

　　所謂「藝術化」，實際上就是以軍事之戰鬥態度整理生活之秩序。換句話說，國家便是領袖可以透過軍事管理賦予形式而塑造的藝術品。1939年新生活運動促進總會發動「國民精神總動員」，楬櫫國家至上、民族至上、軍事第一、勝利第一、意志集中、力量集中六義。這種強調規矩、清潔、組織化、紀律化、軍事化、一心一德的運動中所楬櫫的簡樸、節制、清醒，屬於一種「嚴厲的美學」，以核心掌控全體，進行完全的統治，與德國納粹黨的政治美學化之作為，實在有精神上相互呼應的性格。

心的改造與皇民化運動

　　「皇民化」的政策，就其歷史意義來說，是在戰爭期間更為徹底的同化政策，針對「皇國所領有的皇土的人民推動」。1934年「臺灣社會教化協議會」的教化要綱便清楚地提出幾項謀求「皇國精神」與強化「國民意識」的指導精神，例如「確認皇國體的精華」、「感悟皇國歷史之中的國民精神」、「體會崇拜神社的本義」、「使國語普及為常用語」、「發揚忠君愛國之心」、採用「皇國紀元」。擔任總督的小林於1936年頒布的法令，更強

調以「皇民化、工業化、南進基地化」三項統治原則，將「皇國精神」貫徹得更為徹底，培養「帝國臣民的素養」，此企圖是要將臺灣建立為大東亞共榮圈的南進基地。

　　徹底執行皇民化的工作，教育是最基本的管道。1937年文部省編《國體之本義》小冊子，發給全國學校與教化團體，清楚指出「萬世一系之天皇為中心的一大家族國家」便是日本國體，強調「君臣一體」。1941年文部省令第四號「國民學校令實施規則」第一條規定，奉體「教育敕語」之旨趣，全面「修練皇國之道」，加深對「國體」的信念（杜武志，《日治時期的殖民教育》）。根據這個教育令所改正的初等教育制度之下的教材選擇強調了幾個原則，除了著重誠實、勤儉、聽話、規矩等「修身」方面的德育課程之外，還有皇國民精神的培養，所有年級都要有「天皇陛下」、「皇后陛下」、「我皇室」、「臺灣神社」、「認真學國語」、「國旗」等課文。這些課文中便有「天皇陛下統治日本，疼愛我們臣子如同他的孩子──赤子般」的文字，反覆宣導日本是世界上最美好的國家，要本島人把「支那」作為對比，要每個小孩長大都希望能夠做阿兵哥，對天皇效忠。

　　新國家需要有新秩序與新文化。這種對於新

秩序與新文化的自我要求，在皇民論述中十分迫切。臺灣作家張文環便是相當激烈表示此要求的眾多呼籲者之一。他認為，文化是國家的基礎，文學運動會成為國家性的力量。沒有文化的地方，是不會有「國家性的思想」的。因此，他強調，要建立臺灣的「新文化」，才能「把島民的思想，轉向為國家性的觀點」。對於張文環而言，臺灣的文化是日本內地「這支樹幹伸出來的臺灣樹枝」，臺灣地方「文化的任務」相當重大，也因此必須積極加強「文化政策」。

　　這些朝向「皇民化」的論述，自然並不僅始於戰爭開始的1937年。第一任臺灣總督樺山的施政方針中，便有「雖然臺灣是帝國的新領土，但還不受皇化之恩之地」的論斷，後藤新平也曾經表示，「將性格不同的人民以國語同化是非常困難的事，然而將臺灣同化，使臺灣人成為吾皇室之民，且接受其恩惠，無人反對。」1895至1898年在臺灣總督府學務部任職的伊澤修二從統治初期，也就清楚確立以「國語」為中心的教育，「將本島人之精神生活，融入於母國人之中」。具體執行此種同化政策，除了國語教育、修身課程之外，每天更以儀式化的過程向「教育敕語」行最敬禮，要求學生背誦默寫，強調天皇的神聖以及忠君愛國的重要：

「奉戴天皇血統永不絕 —— 萬世一系的天皇，而皇室與國民為一體，擁護國體之尊嚴，努力報效國恩」。

　　皇民主體透過長久的學習、背誦、教養，來服從皇民化的規訓，以便改變自身，並以自身的生活與生命來示範皇道精神的美、高貴與完善。主體在歷史過程中，如同占據於句子中主詞位置的主體（subject），以其主動掌控的自主意願，積極執行其所被給予的功能。因此，被構造的主體在歷史過程之特定權力關係以及規訓操作下，其實占據的是一個被決定的從屬位置之臣民（subject）。臺灣的「本島我」試圖與「皇國體」認同與「合一」的工程，便成為皇民主體的欲望基礎。這種「找到自己的位置」，成為「道／皇道」的「身體／國體之一部分」的暗喻結構，描述出此欲望如何使主體持續朝向目標邁進，嚴格執行修身紀律，以養成皇民精神，甚至棄絕愉悅，以便改變自身的身體與靈魂，達到純淨、完滿與不朽的狀態。

　　在皇民論述脈絡中，「心的改造」是核心步驟，而「國語醇化」則是必要的過程。長崎浩說，「國語是日本精神的血液，一定要使國語普及、純化不可」。陳火泉的《道》便強調，全面執行日本生活形態，從服飾、住居布置、宗教儀式、茶道、

花道、劍道等，所展現的「日本精神」仍舊是不夠的。除了「繼承日本族的生活形態」，「國語」的徹底內化更為重要。王昶雄的〈奔流〉中的伊東便擔任國語教師，言語舉動完全變成了日本人，說話的腔調也令人完全無法辨識到底是日本人還是臺灣人。所以，所謂「徹底內化」，便是「用國語思想，用國語說話，用國語寫作」，以便能夠實現「作為國民的自己」，以及期望「作為一個國民生命的生長發展」。

國語是「精神血液」，這是當時普遍的認知。陳培豐的研究顯示出，昭和16年（1941）臺南師範學校國民學校研究會所作成的「國民科國語」論文集中，大量出現了「大和魂」、「祖先」、「日本人的血與肉」、「國民如同一身一體」、「使用了日本語之後我們才能變成真正的日本人」等修辭。但是，國語普及以及國語的精神化問題，也並不是戰爭期間才開始的概念。1927年前後，就出現了大量的「國語普及問題」的文章：「國語的力量是民族的力量，國語是異民族教化的唯一且是最好的武器」，若不常使用國語，「國語便永遠不能成為自己的血肉，這個血肉便將一直處於不完全的狀態」；「心的無限定性」、「國語是同一國民所共有之物」、是「國民的血肉」、「國民精神的象徵」。

陳培豐的解釋，這種以國語為「精神血液」、「國體的標識」的概念，是由上田萬年於1894年所提出的。上田萬年構築了「國語・國民・民族」三位一體的國語思想，使日本的國語成為大和民族「共同體意識的統合象徵」。

　「國語」原本屬於技術性的問題，但是在「鍊成」與「醇化」論述中所強調的「國語運動」，卻進入了觀念層次的唯心法則。這些修辭的背後，國語已經被賦予了超越其本身使用價值的精神意義；也就是說，國語運動論述所運作的，是其中的符號意義，牽引了意識形態的架構。此處所討論的意識形態屬性，隱藏了神學三位一體的神聖論述：民族／天皇／國家已經成為對等項，如同聖父，而國語則是聖靈，個體可以透過國語而獲得精神血液，如同擁有聖靈一般，而成為國民，並且參與日本民族的神聖體。在這種神學修辭的背後，是架構於神聖論述之上的認同對象——上田萬年所說的「共同意識體」。此認同對象因為被神聖化而成為非實質化的精神構築，也因此可以不被限定，更為理想，無限擴大，而不容許變化生成的異質成分。

　　這種精神建構所揭露的面向，在於精神的提升，也就是陳火泉在《道》中所說的「信仰」的問題。這個信仰，陳火泉說是一種「飛躍」，如同

進入「神的世界」：「信仰日本神話，祭祀天照大神，獻身皈依於天皇」。而且，這種信仰需要「自我消滅」：「拋棄人間一切東西，飛躍於神的世界」。這個飛躍「不需要時間」，只要把過去的東西溶入於我們之中，使它變成無時間性的東西」，主體馬上就會成為皇民。陳火泉又繼續提出，以「念通天」的原則，「用精神的系圖來和天賦的精神──大和精神交流」。這個精神系圖的說法，超越了血緣系譜的限制；而這種飛躍與信仰所要求的是「誠心誠意」，也就是「心」的問題。此處，日本精神與皇民精神的唯心與神祕性格便出現了。

陳火泉的《道》也指出，臺灣的皇民運動正朝向「新的國家」與「新的神話」邁進，而參戰則是必要之途：「今天，在南方，新的『國家』在產生；新的『神話』在流傳著。除了此時此刻，我們六百萬島民悉數不變成『皇軍』，什麼時候我們才能作為『皇民』而得救呢？就在這時，為君捐軀，就在此時了。」捐軀是得救的起點，原因是此捐軀，犧牲自己，是成為皇民的機會。此犧牲，除了奉獻生命之外，還須要清洗自身之內的不潔之心，以完成這個國家神話的論證邏輯：以「心」的淨化成就「日本精神」，以便建立「新的國家」，而大東亞共榮圈則是清除夷狄的聖戰。

　　然而，這不只是清除非我族類，更是清除我自身之內的「夷狄之心」：「討夷、攘夷，而且非清除夷狄不罷休，這種精神，是的，這種為當代天皇攘夷，洗淨夷狄之心的精神，這就是日本精神」。張文環更提出「皇民鍊成」的軍事訓練或是修鍊活動，可以「提升淨化」島民的意識，像是「過濾器」：「像一種漏斗，經過漏斗淨化後就成為乾淨的水」，如此，「汙濁」的水流就會在此被「切斷」而成為「淨水」（〈燃燒的力量〉）。「切斷」便成為改變自身的必要動作，而「乾淨」更是自我的理想形式。

　　這種在民族／天皇／國家與「共同意識體」之間建立起來的對等式，使得「信仰」、「心」與「精神系圖」的工作所造就的，是一種具有明顯神聖論述性格的國家神話。

思想檢查與文化復興運動

　　內戰結束後遷移到臺灣的國民政府，於1949年5月20日開始執行戒嚴令，並且先後陸續頒布了具體執行動員戡亂時期戒嚴令的懲治叛亂條例、檢肅匪諜條例、新聞檢禁、文化清潔運動。以1952年與1958年修訂的《出版法》為例，任何觸犯內亂罪與外患罪情節重大者，都要停止發行，甚至撤

銷等級。新聞報業限制紙張篇幅，限制出版物，控制資訊，以至於臺灣人民完全無法取得關於共產主義世界的資訊，二十世紀上半葉的民國時期文學與左翼歷史，也完全被切斷。任何涉及大陸的書籍、思想或是言論，都會被冠上通匪或是叛亂的嫌疑。在白色恐怖時期，因為「通匪」而被暗殺者高達四、五千人，多達八千人被判處無期徒刑。

　　國民政府除了進行思想檢查與政治犯囚禁等高壓措施之外，更以強制的國家力量規範語言與文化政策。1946年開始，政府陸續頒布一系列廢除日文版報紙雜誌、日文唱片、禁用日語寫作、全面禁講日語、塗毀建築物與橋梁日文字樣等法令。這些法令的執行，使得成長於日本殖民時期、接受日文教育、僅以日文書寫、必須藉由日文書籍雜誌來接觸資訊的臺籍人士，陷入文化沙漠與思想禁忌的狀態。更為嚴重的，進入1960年代，透過語言而進行的控制延伸到禁用臺語、禁止臺語歌曲、電影、節目。語言政策造成了臺灣社群之內的高下等級。不熟悉「國語」、無法流暢地以中文書寫的臺籍人士，無法進入公職或是教育體系。使用臺語，被視為粗鄙。帶有臺灣腔的「國語」，也會被恥笑。戒嚴時期，或是非常時期動員戡亂法，禁止的不僅只是集會遊行、出版、結社、兩岸通信通航，也不僅

只是思想檢查與緝捕通匪嫌疑，更是透過語言教育與文化政策，建立人們的熟悉、安定與正常的界線，而讓人們對於界線之外的陌生、混亂、不正常，抱持著敵意。這個敵意，存在於臺灣社會內部的各種族群區隔之間。戒嚴時期所頒布的例外狀態與動員時期戡亂法，是以法之命名與規範構成主體，也限定了主體。

針對1966年中國大陸發起的文化大革命，臺灣在1967年1月28日正式成立「中華文化復興運動推行委員會」，由蔣介石擔任會長，在臺灣以及海外同時推行中華文化復興運動。文化大革命的口號是掃除舊思想、舊文化、舊風俗與舊習慣的破四舊，以至於各地孔廟以及其他歷史文物被大量毀損；中華文化復興運動則以禮義廉恥作為全國各級學校校訓，並且以忠孝仁愛信義和平作為倫理道德標準。當大陸如火如荼地推動批林批孔以及儒法鬥爭研究的同時，臺灣也積極在各大專院校擴大宣傳對於批孔的「申斥」，並且研究與出版各種中國文化與傳統思想之外，獎勵文藝研究，促進教育改革，制定國民生活須知與禮儀規範，振興國劇，舉辦文化活動，徵求淨化歌曲，以便進行「對匪文化作戰」。所謂的「對匪文化作戰」，也就是要申斥大陸的批孔，聲討「共匪」廢除漢字的陰謀，舉辦

共匪暴政資料展覽，設置匪情資料陳列室，邀請反
共義士講述共匪暴政，舉辦批判共匪思想的講演，
以及編印共匪真面目小冊等等活動。

　　當時各校院的訓導人員以及導師也全面發散
這些小冊子，並利用動員月會、週會、朝會等場合
邀請專家演講，要求學生閱讀申斥批孔揚秦的相關
資料，撰寫讀書心得，並且展開演講比賽、作文比
賽以及壁報比賽。這類集會、演講、作文、壁報製
作，成為所有人從小學開始各級學校的必要經驗過
程，而與「匪」不共戴天的意識形態，便成為文化
冷戰的典型產品。

　　隨著中華文化復興運動的推動，由陳立夫所主
導的孔孟學會也擴大進行民間的文化傳播活動。中
華民國孔孟學會永久會址設立在南海學園獻堂館，
自1970年開始，孔孟學會每年與教育部以及救國
團聯合舉辦暑期青年自強活動國學研究會，加強各
大專院校有關孔孟和國學社團的聯繫與活動。每年
辦理大專、高中、國中學生與小學教師孔孟學說論
文競賽，及小學六年級學生繕寫四書文句比賽，並
舉辦孔孟學說優良著作獎，和出版有關研究孔孟學
說之叢書。孔孟學會更每年辦理大專、高中、國中
學生與小學教師孔孟學說論文競賽，及小學六年級
學生繕寫四書文句比賽，並舉辦孔孟學說優良著作

獎，和出版有關研究孔孟學說之叢書。這一波尊孔
復古而推崇經學研究的風潮，由上而下，深刻地影
響了臺灣的各級學校國文教育，也自然而然地帶動
了普遍的民間以及學校自發的讀經運動。

　　無論是民國初年軍閥擁兵自重，以整飭倫常、
提倡禮教、尊孔讀經為治理的合理化理據，或是國
民黨政府在南京時期的新生活運動到偏安臺灣的尊
孔讀經與文化復興運動，或是日本殖民政府在滿洲
國、東三省以及臺灣所執行的祭孔讀經等，都伴隨
著高壓政策的軍國主義或是軍事戒嚴。儒表法裡的
規範性治理範式，在二十世紀中國的現代國家治理
模式中充分展現。

第五節
小結：心態史地形變化的同位延續以及其變化座架

　　我在研究中指出了符號混成（semiotic syncretism）、知識混成（intellectual syncretism）的概念，說明啟蒙知識分子以本地語彙翻譯外來知識範式，使其自然化與內部化的現象。這些知識分子引介與闡發的西方知識，特別是關於「群」（社

會）的概念與社會國家構成的問題，都涉及了倫理結構的重新詮釋。在這個漫長的知識範式轉型的過程中，逐漸形成了以國家為框架的倫理邊界。這種「國家—主體—倫理」的論述，不僅建立在人民效忠於國家的前提，也排除了群體之外的他人，更排除了群體之內不符應群體規範的異質他者。

倫理主體之根本弔詭便在於，倫理主體其實是在法律規範與教育體制之下所構成，是主觀感受的觀念構造。主體所自發從屬的觀念性邊界，銜接了「群」之倫理意識形態與其律法。因此，涉及倫理的根本問題也在於，是如何在特定時空之下的話語模式中出現？透過什麼樣的語彙與敘事？如何藉由教育以及大眾普及知識而擴散？這種習性倫理話語背後的利益邏輯或是理性邏輯，是以什麼立場所建立的？倫理觀背後的「群」的邊界與利益如何被定義？什麼是「群」之內的「可見性」邏輯？如何計算「群」之構成原則及其成員？透過不同世代的知識分子以及大眾化的知識傳播，以及不同政體的「心的治理」技術與機構，國家作為個人必須效忠的倫理框架，成為人人不疑的共識，也成為排除邊界之外可疑分子的合理化修辭，甚至在內部尋找敵人。

然而，國家這個抽象的概念，卻會因為時間

軸線以及全球局勢的轉移而改變，也造成了心態史地形的變化。中文脈絡下儒家話語適應時代的創造性轉化，以及時間展延下符號轉換變形的「同位」延續，在此可以再次獲得說明。核心不變的內在一致性，則是治理的權力中心。環繞著核心的龐大治理器械，如同海德格所說的「座架」（*Gestell*），或是拉岡所說的符號「鷹架」（symbolic scaffolding），吊掛著繁複的表記，包括機構、教育、司法、制度、出版、媒體、圖像等等。主體隨著這個巨大座架的轉移，而調整其位置；主體的主觀感受，也隨著牽動。

如何閱讀這個顯露或是隱蔽的主體位置，以及其正向或是負向的感性拓撲空間，就是下一章的工作。

第三章

心態史感性拓撲結構的
時代脈絡

第一節
書寫：症狀、標記與底層

我們要如何閱讀具有歷史縱深而多重軸線交織構成的心態史感性結構的地形變化呢？

從心的激動到文字的迂迴遮蔽，其中有漫長曲折的路徑。從文字表面的一點，必須透過拓撲式與症狀式的閱讀，才可能瞥見隔著巨大距離的彼端——隱藏的心。這個曲折的路徑，可以透過佛洛依德對於症狀的分析以及他所討論的「關路」，來進行理解。

如同佛洛依德所說，無意識欲望「開關之路徑」，不隨著直線進行；相反的，它的通道迂迴曲折地返回到早先的時刻。這個路徑從側面岔開，開啟正路之外的小徑，甚至產生圓形交叉路口，導向無數新的連鎖道路。佛洛依德將這個移置的路徑比喻為一條「從表面【記憶】到最底層然後又迴轉的繞圈子的道路」，後來他將這個迂迴的路徑比喻為西洋棋中騎士所走的鋸齒形路線，最後，他又將其比喻為「一個網狀系統的線條，而且都匯聚於一處」。

我們永遠只能夠從語言與圖像切入，才能夠碰觸到文字與影像症狀式展演所反身指向的構成性因

素；也就是說，身體感受性結構，以皮膚表面或是文本表記作為拓撲環節的紐帶，銜接了內部空間與外部空間的交錯，以及背後的心態史底層。

如何閱讀作品中的圖像？我們可以清楚分辨以單點透視所繪製圖像中的意義分布，但是，拉岡曾經問，我們要如何討論沒有透視角設計構圖的畫作？塞尚畫作中沒有近大遠小或是核心邊緣的構圖分配似乎沒有傳達核心意念。不過，拉岡說，畫家畫筆運動下的「一點點藍色、一點點白色、一點點棕色」，這些小小而骯髒的「沉澱物」，就像是鳥會以其掉落的羽毛來作畫，蛇會脫落其鱗片，樹會掉落其葉子，都是畫家自己遺留的痕跡，也攜帶了他所說的訊息。

拉岡所說的「沉澱物／投資物」（deposit），意思可以是指身上脫落的沉澱物，也可以是押金、託管物、存款。就如同投注、挹注、投資（cathexis）的概念：一個看來不經意的替代物，卻是被精力貫注而交換欲望的對象物。創作者或是作畫者總是以自身的一部分作為作品的材料，但是此身上的部分在畫布上或是在詞語中卻已經轉化，而不再被辨識。拉岡以「主權者的行動」（sovereign act）來解釋此畫筆的運動：以運動的方式將來自於他處的能量終止於此處，而轉化為其他的物質形

貌。拉岡說：正因為畫家的畫筆所帶出來的，是一個運動的終止點，因此，我們須要換一種理解的角度，將筆觸視為畫家對其自身動機與內在刺激的回應。這個「終止的時刻」（terminal moment）可以讓我們區別「姿勢」（gesture）與「表演」（act）：畫筆以「姿勢」接觸畫布，而在畫布上的姿態與筆觸所呈現的，其實是一場戲劇性的戰爭（Lacan, *Seminar* XI）。

拉岡所說的表象之極限，運動的終止點暴露自身的通道所開啟的空間，是須要透過工作才能夠達到的——在書寫的工作中，也在閱讀與聆聽的工作中。文字與圖像中對於「對象」的視覺描繪，並不呈現客觀物件，而如同手指的姿勢，展演出了某個將要難以言說的內在經驗推出的困難位置。由內推出，賦予其空間形式，一直是文字與圖像的工作。此賦形並不是一次性的固定命名。在命名迂迴猶疑之處，暴露了難以命名的內在姿態。這個內在姿態如同一頭獸，狡獪地掩飾氣味，繞路而行，或是猛烈地掙脫與攻擊，或是自我塗抹毀形刪除。然而，這些或是狡獪或是猛烈的行徑，卻都勾勒出了一個劇場，一個透過各種對象物，各種特異性的小對象，而搬演出主體之欲望路徑。

佛洛依德曾說，「它所在之處，我必隨之而

行」（*Wo Es war, soll Ich warden*）。只要是活著的
生命，「它」永遠存在，也總會另尋出路而浮現。
壓抑不是排除、不是遺忘、不是逃逸、不是驅逐外
力，而是替代出現，或是如同德希達所指出的，
是內部的再現，是再現的空間化（"Freud and the
Scene of Writing"）。德希達說明，書寫本身就是壓
抑與替代的轉折與空間化（spacing）。心靈便是書
寫機器。因此，當我們探討意識行為所呈現壓抑的
衝動是什麼，便是在思考論述中發生了什麼替代性
的症狀，以及壓抑與轉移的時代動機來自何處。我
們並不在尋找一個隱藏的深度文本。文本本身便鑲
嵌著意識與無意識並存的悖反張力。文化的內在矛
盾與多義性，就呈現於文本的症狀之中。文化論述
中的激動、防衛性的攻擊、禁忌的嚴苛、或是集體
追求的烏托邦幻想，其實都是依循著無意識的邏輯
而運作的。

　　在臺灣不同階段的藝術、文學與劇場作品中，
我們看到了陳界仁與吳天章作品中的創傷經驗，也
看到了楊熾昌、林亨泰、瘂弦、洛夫、商禽、陳
黎、蘇紹連、林燿德等人的超現實實驗，以及林懷
民、賴聲川、林秀偉等人的舞臺調度。這些文字、
影像或是表演藝術的背後反向指出的，是不同歷史
過程所圍繞出的複雜拓撲空間，或者可以說，是心

態史的拓撲空間。《孤兒‧女神‧負面書寫》這本書所勾勒的超現實書寫地形圖，便是以負面書寫的方式，觀看二十世紀經歷激烈認同轉折過程的臺灣心態史風景。

以詞語或是影像經營對象的空間化程序，是個工作的過程。透過書寫與圖像的工作，經過這些形式化與空間化的重複搬演過程，那些難以言明的歷史經驗與困難位置或許可以重新被經歷與理解。這個過程也就是將無法以共同命名法則傳達的經驗，透過物的替代而轉移位置，帶到可分享的狀態。閱讀不同的文本以及其中的影像，我們必須思考文字或是影像如何以各種偽裝變形，揭示了其所服從的要求／欲望之推力，如何透露了不同的感性結構之極限處翻轉之動力，如何以投資物的位置，承載了創作者／主權者的情感行動之終止或是反制點，以及如何以不同的方式說明了不同歷史環節的感性結構與心態模式。

如果不尋找各種迂迴曲折的路徑，而只朝向正面書寫前進，那麼就永遠無法返回自身，而可能會越行越遠。文字與圖像或是展演中生死攸關而重複的儀式，如同兌換幣一般交換了焦慮中的動力。欲力所變換的路徑，如同潮汐岩漿之往復與層層覆蓋沉澱，都讓我們對於文化場域中「主體位置」的隱

晦而自我塗抹，或是高亢激昂，有了新的理解。語言之症狀式扭曲轉折，或是語言結構之斷裂與異質性，是我們掌握主體／非主體的起點。我持續問的問題是：藝術家與詩人如何在圖像與字裡行間迂迴曲折地逃逸？如何抹除自己的痕跡，卻又流露出或隱或顯的欲望？

《心之變異》中，我以陳界仁的藝術作品為序幕，開啟了從大陸遷臺的後二二八世代承受的現代國家帶來的歷史創傷與知識肢解的問題；《心之拓撲》則以吳天章的作品收尾，同樣呈現了國民政府遷臺對後二二八世代臺籍人士所造成的剝奪感：這兩本書共同構成了以民族國家為倫理主體依歸之「心的治理」的歷史拓撲軸線下的情感後遺效果。

吳天章與陳界仁的作品呈現了重要的方法論，也就是歷史累積的身體感受，如何從身體展演的模式，以後遺的方式，再次展現：前者以內在邊界的皮膚移植術展演於畫布上，後者以身體重返創傷場景，而進行歷史詮釋的場面調度。這兩位藝術家提供了如何從表面的一點透露了底層的複雜空間的觀看視角，可以作為本章閱讀感性拓撲結構方法論的說明。

第二節
內在邊界的皮膚移植術：吳天章美學的模擬、拼貼、運動、參與、檔案化

二十世紀的臺灣，經歷了不同範式的倫理主體化過程：日治時期的皇民主體化，國民政府去日本化與再中國化過程，以及1990年代去中國化與再臺灣化。這些不同模式的倫理想像，以話語以及機構，穩固了主體的感受結構，也建立了社會內部的劃分邏輯。

在《心之拓撲》中，我以吳天章的作品說明藝術家如何以身體作為延伸，以模擬與拼貼的美學技術，將過去歷史時間點中內在被排除的賤斥感受，透過作畫的身體運動與時間過程，翻譯到畫布的表面。這種翻譯過程，如同內部組織移植到皮膚表層的皮膚移植術，使得觀畫者如同作畫者一般，參與了這一場經驗。這個過程也以檔案化的方式，將戒嚴時期國民政府重建家國對於臺灣省籍人民帶來創傷與衝擊下的時代感性狀態，記錄在畫布上。

社群內部邊界化區隔的感性結構，明顯地出現於臺灣戒嚴時期國民政府執行的文化政策與語言政策。中原文化以及「國語」的優位化，造成了一個世代經歷日本教育成長的本省人及第二代經歷了全

面的歧視和排擠。臺語口音與穿著成為分裂與區隔的標記。吳天章年少時從基隆到臺北念書，被僑生或是外省籍學生譏嘲為「臺客」，意思是他的口音與穿著都很俗氣。這個帶有族群歧視的標籤，始終帶給他或是同時期臺灣人深刻的劣勢感與無法言說的創傷經驗。臺灣社會內部的自我層級化與排除，從而在「臺客」這個標記中表露無遺。

法農在《黑皮膚，白面具》中討論殖民地的種族歧視與民族自卑感被突顯在皮膚表面，成為可見性的標記。他以劣勢感的「皮膚化」（epidermization）這個概念，說明種族之間的差距，如同皮膚移植術，被「表皮化」為口音、腔調、衣著、皮膚等可見性標記，而這些標記也成為社群內部區隔與排擠的依據。被殖民者開始厭惡自身不夠「白」的皮膚以及不夠「法國腔」的口音，而從靈魂深處渴望一個更白更標準的自我形象。

我指出吳天章的作品採取的是「劣勢感皮膚化」的美學技術：將歷史時期中不舒服而被邊緣化的臺灣人位置，透過展示作為邊界標記的賤斥物件，慢慢翻譯出來。這些既熟悉又陌生的物件，經過拼貼堆疊，成為畫面的皮膚。重建家園時代這些屬於臺灣的種種令人不舒服而難以言說的細節，以及過去被遺忘的歷史經驗，又被召喚出來，而被重

新經歷。

　　吳天章在1990至2000年的系列作品重新思考了臺灣人主體性的問題。不同於1980年代具有政治控訴的畫作，吳天章在1990年代中期開始放棄了快速地指認敵人的策略，也不再召喚臺灣人的受難形象。相反地，吳天章以油彩與劣質品堆積在畫面上，揉合了大膽的挑逗姿態，以及看似純真實則充滿背叛、共謀、詭計的眼神，讓觀者感受到戒嚴時期族群歧視之下被觀看者的複雜位置。

　　我們在吳天章於1994年所完成的《傷害風景》中，可以觀察到從1994至1997年的「非─家」系列具有徵兆性的起點。在這一張帶有夢幻色彩的「風景」照片中，畫面的背景是隱入黑暗的房子，前景中心是被聚光燈所照亮的一塊空地，沒有人物，沒有主體。這個被光線聚焦的空白位置，展現了一個象徵性的姿態。不再有《傷害告別式》之前反覆出現的受傷、受難或是控訴的主體，而只有被抽空的注意力中心。沉默而無法言說的畫面中心，是被隱藏的內心風景，如同句子結構中被藏起來的主詞或是核心意念，暫時擱置。畫面四周被吳天章花了許多心思反覆經營的斑斕耀目的畫框，更為喧賓奪主地以一種令人不安的炫麗逼視觀者。

　　這個令人不安而鮮豔油亮的畫框，在他往後

一系列的作品中持續出現，從1994至1997年，
包括《春宵夢》系列（1994）、《親蜜家庭》系
列（1996），到《戀戀紅塵》（1997）、《紅塵不了
情》（1997）、《祝你》（1997）。吳天章反覆經營
這些被高度集中處理的油亮畫框，還陸續加上了喪
禮使用的塑膠花與霓虹燈。吳天章曾經說過，自幼
撫養他的祖母在這段期間過世，家中也發生了一些
變故，這是引發他畫作轉型的起因。不過，這些事

吳天章《傷害風景》1994。圖片來源：藝術家提供。

件其實只是勾引出畫家內心基本不安全感的觸媒。
透過視覺圖像，他不斷勾勒出這種底層的不安全
感。我們若將這一系列的畫作視為一個漫長的說話
過程，我們可以看到扣連這些作品的，就是「非一
家」的主題。

　　吳天章將幼年在父母與祖父母家中輾轉遷移的
不安，以及童年成長時期所經歷的1950、60年代
的歷史記憶，透過視覺細節慢慢鋪陳出來，包括左
營春秋閣水手的冷戰記憶、帶有洛可可風格的沙龍
照相館布景、女學生的白衣黑裙、上海流行的香菸
牌廣告美女、李石樵畫作中上海女子與大稻埕群眾
的交遇、侯孝賢《戀戀風塵》海報中天真的少男少
女。這些圖像似乎展現了對於往日時光純真年代的
緬懷，實際上卻是反覆處理50、60年代外省人與
本省人初次遭遇媾和的歷史時刻。文化的遭遇就像
情欲的媾和，在純真年代與建立新家園的同時，處
處隱藏著密謀、挑逗、設計、陷阱、迫害與危險。
《戀戀風塵》海報中天真的少男少女被塑膠花、紅
領結與乒乓球塞住嘴巴或是堵住眼睛，重複了吳天
章過去的傷害系列的母題；在《親密家庭》系列
中，這種媾和之下的挑逗與危險則明顯地暴露於家
庭的場景中。

　　1997年的《祝你》雖然是靜物畫，卻是相當

抽象的，或說是更為不寫實的作品。這幅畫的畫面上擺置了他的「非—家」系列的重要母題：色彩俗麗的面具、孔雀羽毛、假鑽、塑膠水果、舊日時光的老相片、閃耀光澤的絨布。吳天章「非—家」系列的畫面主題與背景似乎只是一種藉口，他真正琢磨的，是所謂臺客系列俗豔元素的奇特組合。原本熟悉的影像，被安裝上同樣是過於熟悉的廉價添加物，面具、孔雀羽毛、假鑽、鍍金項鍊、衣服滾邊與亮片，卻使得原本熟悉的影像與熟悉的物件反而呈顯出突兀的不熟悉感，而令人感覺不舒服，似乎被勾引出什麼不愉快的記憶。這件作品為他在1990年代中期所製作的「非—家」系列做了一個有效的總結。

　　吳天章曾經說過，這些作品中暫時而過渡性的物件，廉價虛假的人工寶石、塑膠花、墨鏡、化妝舞會面具、金蔥布料衣服上的亮片、照相館中的洛可可風格布景，都像是電子花車與鐵皮屋的臺灣文化，俗氣、虛假而暫時性。如果這些廉價與虛假的物品代表了某一些學者所謂的騷動的生命力，那麼，這種以粗俗膚淺而虛假自居的生命力騷動卻會令吳天章不安。這些假物件與表面泛著油亮光澤的畫框，使他聯想起小時候在基隆看到出沒於街頭巷尾陪伴美國海軍而穿著帶有俗麗亮片的酒家女、喪

吳天章《親密家庭》。圖片來源：藝術家提供。

吳天章《祝你》。圖片來源：藝術家提供。

禮儀式中電子花車的塑膠花與脫衣女郎，以及基隆廟口攤販周遭地面帶有油漬反光的發霉汙水、死魚表面油油亮亮的不乾淨光澤，都會引起他雞皮疙瘩而渾身不舒服的感受。

在長時間的作畫過程中，吳天章將這些代表了文化賤斥物（abject）的物件，金項鍊墜子、化妝舞會面具、孔雀羽毛、吉他上鑲嵌的假鑽、帆船與寶塔邊緣的衣服滾邊，一層一層地鋪疊在畫面上，而將他內在的不安感受轉移到這些替代性物件的閃亮光澤之上。原本平面的畫面或是照片，由於這些有厚度而凸起的添加物，以及畫框上的鮮麗油彩，暴露出他的內在感受。同時，在這個有厚度的琢磨中，也使我們看到了時間的向度──吳天章耗費長時間反覆添加物件與顏料的工作：這個時間的向度揭露了吳天章的心理向度，也凸顯了他所刻意關注與花時間投注的細節。

這種說不出來的不舒服感覺，在吳天章2000年以來的系列畫作中更為明顯。從《永協同心》、《黃粱夢》、《同舟共濟》、《日行一善》，到《千鈞一髮》、《瞎子摸巷》、《夙夜匪懈》，表面上都是引述民俗傳說、道德教訓，或是臺灣民間生活的元素，例如特技團、侏儒、乞丐、瞎子、消防隊員、葬儀社儀隊等等。每一幅畫作的處境，似乎都

扣連著一個共同協力解決的危機狀態。可是這些畫作的共同主題，卻像是吳天章要開的玩笑，指向對共同體的虛假，而極盡戲謔之能事。這些畫面上如同劇場舞臺魔術團或是馬戲班小丑一般的人物，表面上參與一場歡樂嘻笑而愉快的盛會，可是在他們被扭曲變形而誇張的笑臉上，尤其是他們衣服表面被強調的鮮麗光澤，卻有令人不安的奇異感受。我們注意到，從1994年「非一家」系列開始，環繞在畫框上油亮光澤之中令人不安的噁心感受，被吳天章轉移到了這些人物的衣服表面與扭曲比例之中，也一再牽引出他的生命底層的不安經驗。

以2008的作品《瞎子摸象》為例，這些盲人相互牽持，共同踩踏在支撐彼此卻又綁束彼此的長木屐上。在臺北街頭詭異雲層的夜空下，運動的線條穿越於此起彼落的竹棍與手勢之間，也隱隱映現於亮綠色的金蔥布、紅紫色的絨布、黃橘色的雷射紙布以及SM偏好的黑漆皮質料披風的色澤流動之間。這些細節豐富而具有戲劇張力的衝突與不安，被背景兩端斜傾高聳的臺北大樓框限，充分呈現臺北生活場域一種怪異的不穩定狀態。

再以同年作品《夙夜匪懈》為例，畫面中穿著儀隊制服的人物坐在絨布皮面的牛背上，左手上舉，視覺的運動路線從畫面中央背景夢幻而矯飾的

吳天章《瞎子摸象》（2008）。圖片來源：藝術家提供。

吳天章《夙夜匪懈》（2008）。圖片來源：藝術家提供。

彩色雲朵，延伸穿越上舉的手勢而下滑，經過黑絨
布內光澤的牛身，轉折循著槍杆上升，指向斜身倒
立上舉的腳，再轉折朝下運動。然而，在流轉中的
運動路線進行的同時，牛頭橫向挺出的牛角，以穿
刺的姿態，指向倒立者的雙腿中間。兩端對稱的虛
假笑容，包含著中間偏左的凝著穿刺態勢，構成了

奇異的可笑卻又緊張的關係。

從1980年代對於集權政治之下的集體性的批判、到1990年代對於家園、家鄉、純真年代的質疑，進入2000年更為間接地對於共同體的戲謔，吳天章的作品替我們揭露了「家—倫理」政治的根本問題。從一個世紀前啟蒙知識開啟的倫理話語以及心的治理，到經歷了一個世紀家國重建的倫理定位，吳天章的作品展現了主體承受而難言的被剝奪感。

更引起我的興趣的，是吳天章在各種本土文化的視覺藉口之下，在各種矯揉做作的視覺布置與場面調度之後，不斷以身體性的長期工作所推出了個人化的內在空間。這種固執而持續的工作，讓他的作品充滿戲劇性的運動張力，也攜帶出了臺灣歷史文化中各種難言的生存處境。這種畫布上的皮膚移植術，成就了特殊的感性結構檔案化的美學工作。

第三節
症狀—創傷—重返：陳界仁的歷史肢解與死亡鈍感

吳天章所感受的時代性創傷感，是在特定歷史

時空中的構成。同樣在戒嚴時期出生成長的藝術家
陳界仁，也經歷了另外一種剝奪感。《心的變異》
這本書中，我以陳界仁的作品作為楔子，一則開啟
了歷史的症狀式閱讀方法論，再則也揭示了歷史創
傷背後的賤斥感，另外一種從傷口深淵觀看的方
式。

　　陳界仁與吳天章一樣，都是後二二八世代，也
都是後內戰世代。戰亂之後流離失所而落戶臺灣的
外省族群，經歷過驟然失去家園與親人的劇痛。走
過二二八以及白色恐怖的人，也面對過家園變色、
親人失蹤死亡的震撼。然而，後二二八與後內戰世
代成長的人，面對體制性的沉默或是父母對歷史的
迴避，無法理解此歷史，卻承受此災難在其父母親
身上造成傷害的效果。父／母親的威權、偏執，或
是轉移的恐懼、失語、精神分裂，都是此症狀的展
現。戰後成長的這一代，處於戒嚴與冷戰時期所提
供的安定和平與知識隔絕狀態，就如同被放置於一
種被蒙住臉面無所知覺的天真純潔狀態。成長中，
政局變遷，遽然面對歷史認知被肢解的體認，以及
面對從小認同的體制迅速被閹割的事實，如同經歷
一場情感性的認知創傷。

　　從1996至1999年，陳界仁完成了一系列被他
稱呼為「魂魄暴亂」的作品：《本生圖》（1996）、

《去勢圖》（1996）、《自殘圖》（1996）、《法治圖》
（1997）、《失聲圖》（1997）、《恍惚相》（1998）、
《連體魂》（1998）、《哪吒相》（1998）、《瘋癲城》
（1999）。陳界仁將1900至1950年設定為「史前
史」，也就是他出生之前的現代化過程中的刑罰
史：從清朝即將終止的最後的酷刑、國民黨革命、
清黨、內戰、到霧社事件。陳界仁所選取這一系列
的圖像時刻中，法西斯式的「排除」機制以不同的
形態呈現。《本生圖》、《去勢圖》、《自殘圖》、
《法治圖》，與《失聲圖》這幾個作品，就屬於這
個「史前史」系列。陳界仁的策略是，選用幾幅歷
史照片，扭轉其中的觀視角度，藉以檢查幾個刑罰
階段所牽涉的歷史脈絡。以歷史照片出發，對陳界
仁來說，是面對現代化過程中觀看與被看，或是權
力操控與受控相對位置的最佳媒介。至於1950年
以後，陳界仁認為，刑罰與暴力已經不斷被內化，
透過各種機制，以隱匿的方式呈現。因此，在這一
系列的作品中，包括《恍惚相》、《連體魂》、《哪
吒相》、《瘋癲城》等，影像中的場景便不再以歷
史照片為依據，而完全出自於他虛構的想像。

在陳界仁的圖像書寫中，呈現了一種中國現
代化恐怖時刻的史詩面貌：現代化建國進程下體制
性的排他暴力。這個歷史進程，從凌遲與去勢的酷

陳界仁《本生圖》（1996）。圖片來源：藝術家提供。

陳界仁《瘋癲圖》（1999）。圖片來源：藝術家提供。

刑，到政黨族群自相屠殺，都是向自身施加暴力的
機制。無論這些歷史照片的真實場景是什麼，陳界
仁都一再將自己複製，甚至以連體人的方式出現。
在每一個歷史時刻加上自己的印記，就是要凸顯我
群與他群間排除暴力的自我分裂與瘋狂，以及歷史
時刻在我們身上銘刻的痕跡。

　　我們在陳界仁的《魂魄暴亂》系列作品的前期
作品中，看到他比較屬於攻擊的瘋狂、狂喜與激動
之中，然而，在此系列的後期作品中，卻比較看到
退縮而無語的憂鬱。但是，無論是前期或是後期的
作品，我們都看到他重返殺戮場景的衝動。這就是
我所說的，閱讀陳界仁的影像，除了他有意鋪陳的
圖像批判計畫，我們注意到其中還有其他的訊息。
我們要如何捕捉陳界仁的圖像批判計畫與他不自覺
流露出的其他訊息與意圖之間的落差呢？

　　在陳界仁自己宣稱的圖像批判計畫，與告白式
的幾段札記中，其實有著不可忽略的斷裂。這種斷
裂，更存在於他的批判計畫之文字陳述與他的圖像
之間。陳界仁以自己飾演施虐者的位置，目的是要
批判權力操縱者排除工程中的狂暴快感。但是，陳
界仁承認，透過凝視此「歷史時刻」，他還看到他
與其他主體位置交互穿梭，「那一刻」同時滲透在
他體內的狀態。於是，除了檢查歷史中被記錄與生

產的記憶，其中隱藏的權力操縱位置，以及遺忘與排除歷史的那一刻，我們也讀到了陳界仁對於「受難時刻」的迷戀，以及他以身體參與的方式回到受難場景的衝動。

陳界仁「魂魄暴亂」中的圖像引起我的興趣，「症狀」：陳界仁不自覺而重複地展現了他的「受難衝動」，強迫性地不斷回到創傷場景。也就是說，在陳界仁有意地進行中國現代化的批判工程之同時，我們更看到了鑲嵌於他身上回到歷史創傷場景無意識的自殘衝動，以及被壓抑排除的記憶因此重訪而展演。真正引起他興趣的，不是「觀看」角度的諷刺位置，而是「傷口」本身。我們在他所要揭露與批判的意圖之外，其實也看到了他被「創傷」所捕獲、箝制而迷戀的狀態。陳界仁說：「殘酷，常讓我們被擋在影像之外，然而傷口闇黑的深淵，不是讓我們穿過的裂縫嗎？」（〈招魂術〉）

真正要讓陳界仁穿越的，就是這些闇黑的深淵：身體上的裂縫──利刃割裂的肌膚、橫斬的頭顱、斷黜的手腳、血肉模糊的器官，以及糜爛生膿的皮肉。那麼，陳界仁以症狀的方式回到了什麼樣的創傷場景呢？這些糜爛生膿的闇黑深淵，是什麼樣的主體經驗？於是，我們便會開始問：陳界仁圖像中的自殘與受難衝動以及憂鬱狀態，向我們揭

露了什麼樣的歷史狀況？他所處理的是什麼樣的對象？

　　成長於戒嚴時期，如同被「關在」監獄的外面，什麼都看不到也聽不到。就是這種要回到創傷原點的衝動，使得陳界仁不斷透過幻想圖像回到歷史創傷的場景，處理各種歷史斷裂的暴力時刻。他所捕捉到的，是他看不到，卻鑲嵌在身體之內的意象。透過一連串過度而誇張的淨化與犧牲儀式，透過破壞自己的「身體」，陳界仁將自幼經歷到的面對死亡的「鈍感」尖銳化，並且極力將自己與弟弟難以區分的身體反覆公開的切割；這種過程，也將他面對歷史的「鈍感」尖銳化。

　　歷史創傷發生之時為何感覺會「鈍」？那是由於創傷所帶來的巨大認知落差，而有意迴避否認，拒絕感知。這種抗拒否認，是以巨大的排斥力量推離此令人震驚的場景。藝術創作，是他透過幻想重訪此創傷經驗的時刻，如同剝除結痂的傷口，暴露其闇黑的深淵。這些最為暴力與醜陋的圖像，是他的「孽鏡」，他的症狀，他的傷口。這個傷口的深淵，讓我們看到他生命中的各個歷史與個人的創傷場景。

　　2000年以來，陳界仁告別1990年代「魂魄暴亂」系列，而持續進行的藝術計畫，包括《加工廠》

（2003）、《八德》（2005）、《路徑圖》（2006）、《軍法局》（2008）、《帝國邊界I & II》（2008-2010）、《幸福大廈》（2012）、《殘響世界》（2014）、《中空之地》（2017）、《她與她的兒女們》（2023）。這一系列的作品，鋪陳出了一個漫長的思想藝術計畫，

陳界仁《軍法局》（2008）。圖片來源：藝術家提供。

陳界仁《殘響世界》（2014）。圖片來源：藝術家提供。

陳界仁《她與她兒女們》(2023)。圖片來源：藝術家提供。

針對後冷戰時期新自由主義透過全球化與自由市場之名，進行全球資本集中、擴張與盤整的檢討。我們也看到他如何透過影像，思考這個影響與改變如何深深牽動了在地社會結構與人們的生命。

表面上，正如他在《她與她的兒女們》所言，他探討的問題是結合了跨國金融資本集團、軍工複合體，以及數位與生物科技巨頭，所形成的龐大公司王國。陳界仁以「她」指涉這個操縱所有生命的母體，Matrix，一個巨大的生產機器。陳界仁說，我們被巨大的機器Matrix，所製造，並執行matrix所分派的任務。世界只是暫時存放與轉運的中繼站。

不過，這一系列錄像作品中，最為凸顯的影像，卻是反覆出現在廢墟中緩慢移動的身體，被勞動榨取而風塵僕僕的面容，四處零散放置的老舊桌

椅，破落檔案上覆蓋著厚厚的灰塵，望向過去卻面無表情的臉孔，銷毀記錄的焚化爐。

　　陳界仁在廢墟與死亡的影像面前，在記錄了漫長時間過程而層層堆積的灰塵中，不斷捕捉在其中生存的活生生的人的面容。如同陳界仁所說，這是殘留下來見證了歷史的聲音—殘響世界。陳界仁也說，他的藝術工作有一個方法論，也就是運動之後的運動。這不是歷史過程中的第一現場，不是街頭抗爭的激烈情感，而是事件之後的運動，以思想與藝術啟動了「不可見的鬥爭場域」。

　　我們可以進一步地指出，任何事件或是歷史過程都是第一層的運動，都是將生命的材料透過勞動而納入生產與消耗的第一重程序。無論是生老病死，或是勞動力進入生產線，原料製造為成品，人民被教育而成為國家的生產力，群眾集結而進行革命：這些第一重程序總是立即在場的活動，也都以不同方式遵循了特定歷史環節的內在符號規範。

　　然而，生命過程與事件場景卻也總是多種樣貌並存，而且充滿不同異質性發展方向的元素。每一個交會的主體，都如同章太炎所曾經說過的，「各有時分」，各自處於自己的主觀時間之流，而無法被均等地同一化。事件過後，只有透過第二重程序的思想以及創作，透過不同的代替性物質與代替性

身體，才能夠一而再地重新再次呈現意識主軸之外無法一次被敘述的各種細節與聲音。

正因如此，影像中的各種物件與身體，必然都是如同陳界仁所說的「借名假說」，都會既呈現生命細節，也同時是抽象化與象徵化的勞動形象。或是參照莊子與章太炎的政治性思想，這些物件都是「以名為代」而轉折的「代稱」。「物」與其直接所「指」並無直接關聯，而是生命的重新創作，間接見證了主體與他者交涉雙方過去生命喧囂的熱情與憤怒，以及無數的不得已。

陳界仁說，我們身處幻相之中，既是萬千幻相之一，也是造相之人。透過藝術與思考的過程，透過影像中各種替代的物件與身體，某一種持續循環的囚禁邊界或許可以被打開，某一種共享卻非同一的公共空間可以共同被維護，而能夠以不同的位置重新體驗與理解不被納入的各種邊緣生命。

第四節
小結：歷史過程中感性拓撲結構的轉移與心的逃逸路線

吳天章與陳界仁的感受性症狀展演，是現代中

國體制化的後遺效果。二人都是後二二八世代與後
內戰時代出生的當代藝術家：前者承接了日治時期
成長一代的家庭背景，後者則在父親隨著戰亂輾轉
遷臺而在臺灣成家後出生。二人以身體感受與記錄
了一個世代的經驗。閱讀吳天章與陳界仁，前者將
內部的賤斥感堆疊於畫布表面的油彩光澤與物件厚
度之中，後者則凝視傷口的闇黑深淵，重新經歷切
割的儀式。

　　這兩位藝術家所提供的，就如同強悍詩人所
製作的，是翻轉概念的新的視覺語彙：我們在深
刻的個別性差異處境中，才看到了臺灣的「在地
性」──屬於此時代與此生存空間的底層問題。這
兩位藝術家分別作為《心的變異》與《心之拓撲》
的開頭與結語，前後勾勒出現代中國國家暴力在藝
術家身上的印記，以及一段現代化的歷史過程。我
們也看到2000年之後，這兩位藝術家如何以超脫
的位置，反思這一整個歷史創傷經驗。

　　從二十世紀上半葉中國與臺灣同時發生的集
結熱情的群的渴求，臺灣1930年代的殖民治理與
皇民化運動，戒嚴時期的文化復興運動，解嚴之後
的本土論述主流，我們都可以看到溢出於主流心態
的逃逸路線痕跡。從中國1920、1930年代左翼與
右翼陣營電影中看到國家召喚與壓抑之下的身體情

欲，左聯刊物插畫與文字錯綜複雜的視覺欲望，
或是1930年代臺灣就開啟的超現實主義書寫與負
面本土意識，例如1930年代楊熾昌的風車詩社，
40年代林亨泰的銀鈴會，1950、1960年代的現代
詩、創世紀、笠詩刊的商禽、瘂弦、洛夫、桓夫，
1970、1980年代的陳黎、蘇紹連、林燿德，以及
或近或遠的超現實脈絡，包括張照堂的攝影、陳界
仁與吳天章的藝術，或是林懷民的水袖，都開闢出
了不同底層或隱或顯的伏流—心的逃逸路線。

　　這些書寫所構織的文字與圖像，讓我們不斷從
表面的一點，窺探到背後曲折迂迴地延伸出隱晦而
複雜的立體動態拓撲空間。

　　難以言說而不可見甚至不可思的內在空間，並
不是某個神祕或是本質性的存在狀態，也不是如同
地層深處礦脈一般被固定的無意識，而是在任何話
語結構下，無法思考、不可見，卻驅動主體如此出
現或是不斷變換形貌而現身的「力」的空間。如何
從這個拓撲學思考政治與倫理的基進位置，探討解
放性而例外獨異的主體性思考如何在書寫與藝術行
動中發生，自然仍舊是我最為關心的問題。

第四章

重新思考古典中國思想的
政治拓撲空間：

方以智、譚嗣同與章太炎的啟發

第一節
思想的例外空間

　　心態史拓撲學的概念，說明了異質動態空間彼此交錯覆疊而發生的作用：一個複雜而有深度的空間被另一個複雜而有深度的空間之符碼所刻寫，構成事件多重決定的複雜結構。從拉岡的主體拓撲學以及想像界、象徵界與真實界三環相扣的動力空間，到阿圖塞、傅柯、阿岡本的話語權力拓撲結構，以及巴迪烏的拓撲集合空間：無論是局部與整體的動態體系，知識、權力、主體三環結構，或是政治、歷史、主體的拓撲關聯，都可以讓我們思考社會空間符號法則的劃分邏輯，以及鬆脫法則的政治拓撲動力。若要探索鬆脫法則的政治拓撲動力，首先仍舊必須從語言出發，思考是什麼邏輯造成了語言的效果，如何展現了既定的共識結構，檢視其中分配邏輯以及「有分／無分」的劃分線如何執行了壓迫性的法則，以便繼續分析是否曾經出現了奮力推出的思想例外空間，並且挑戰「法」之不合理性的思想行動。

　　在我過去的研究中，除了持續閱讀與研究當代解放性哲學的思考路徑，也同時探索中文脈絡具有批判性的思想家。無論是方以智、譚嗣同、章太

炎，或是幾位二十世紀的左翼知識分子，都提供了具有唯物辯證的批判政治思想，而讓我獲得了意料之外的啟發。

本章中，我要說明從晚明的方以智（1611-1671）到晚清的譚嗣同（1865-1898）與章太炎（1869-1936），在變動的亂世之中，這些思想家如何從老莊以及佛家思想擷取了新的思想力量，以強而有力的辯證思維回應時代的難題，創造了新的觀念與新的詞彙，也開啟了新的思考路徑：一個具有政治拓撲動力的例外空間，展現出思想的批判力量。

第二節
方以智的「均」與「餘」以及名法批判

方以智《東西均》（1652）與《易餘》（1650）所討論的「均」與「餘」的運動關係，說明了物質持續「一分為二」，可交、可輪的辯證運動。「一」與「二」之間，並不是數量的計算衡量單位，而是物質發生以及其未發之潛勢之間正負陰陽的動態關係。唯心論者會脫離物物之間的交會辯證關係。只有從「物」出發，思考物物交會的所以然，才可能認識到正負、動靜、陰陽、虛實之間的辯證對待，

也才可能析理促成此運動的「心」與「知」。

1650年前後，方以智已經經歷了明朝滅亡，而流離於嶺南，雲遊廬山。方以智的詩文〈和陶飲酒〉可以約略呈現出他這段時間的經歷：「十年避亂走，畏聞人語喧。天地已傾覆，何論東南偏。網羅不可脫，殺戮到深山。有路不早達，無家何用還？所以蝸牛廬，十問無一言。」不過，方以智最為成熟的作品也在這段期間中完成，包括《易餘》（1650）、《東西均》（1652）、《藥地炮莊》（1653-1664）、《周易時論合編》（1643-1660）。

在這些作品中，他的「物論」也發展得更為完整。正如方以智在〈惠子與莊子書〉（1652）中所言，「僕之歷物，物本自歷。舍心無物，舍物無心」；「物既隨天，天亦隨物。天且不能自主，吾又何得不隨？」方以智在1657（順治十七年）完成〈易餘引〉、〈周易時論合編後跋〉，也寫了〈讀書通引〉：「物之觸物，猶心之格心也。步日月、歷古今，豁然呼吸也。然非上智，必由困衡；不由困衡，烏能深通天下之志？」

唯物辯證，是辨識物物交會而得其名的所以然之理。透過方以智所說明的四象八卦、交網細分的爻卦，我們可以得知物物交會而緣爻觸變的動態拓撲空間。

「均」與「餘」之持續辯證運動

　　方以智以造瓦之具「均」，作為比喻，說明旋轉而將泥塑成陶器的運動，就是天地萬物化育的持續過程。方以智也以「均」說明樂器七調十二均律位平均等分的定音工具。「均」既是在運動中完成製作的過程，也是萬物可交可輪、生生不息的持續運動，所謂天地自然化育運動的可交、可輪、可幾。

　　方以智在《東西均》與《易餘》二書中，說明了所有事物都是在有無、動靜、虛實、陰陽、形氣、生死之間發生。「白者能白能黑而滿輪出地之時本赤」，太陽與月亮從白、紅轉黑，或是明暗晝夜之間的變化，都只是連續變化中的一個片刻。正如人心念起念滅，本無前後，念念相續，前者是接續者之前，是更早一刻之後，而後者則是後續者之前。同樣的，生死、晝夜、呼吸，也都相隨相即，互為代錯。

　　方以智以「餘」的概念，補充了「均」的持續運動以及「一」與「二」的辯證關係。「一而二」的「二」，是其未成而將成的「餘」：「舉其半而用其餘，用餘之半皆其半」。天地間之至理，「凡相因者皆極相反」。陰與陽之間的動態關係，

說明了「餘」的能動性。「陰者陽之餘」，「成能
即陰，所以成即陽」，「對待相交而生生不已」；
萬物之間的相依相隨、互為因果的對待關係，便在
這個「餘」的概念。二者之間，一顯一隱，辯證往
復，前即後，後即前。方以智說，如果不能反復於
「一在二中」，則會「執一而廢百」。「人泥於二，
不能見一」，「一用於二，即二是一」。一在二
中，一而二的過渡，呈現了物物變化性質之間的轉
移。陰陽、顯隱、明暗、有聲無聲之間，總有正與
餘的辯證對待關係。成毀之間，也必然是相反相因
的關係。「形」的局限使得「影」無法發揮潛力，
拘束之間藏著放蕩佚遊之勢，則變化無窮。拘與佚
之間，也只是不同時間點的相互關係而已。

可「徵」之「幾」

方以智帶有持續運動概念的「均」與「餘」，
如何具有唯物辯證的思維模式？這個唯物辯證，又
如何能夠導引我們思考共生平等？更具體的說，我
們必須討論，方以智所說的可交、可輪、可幾的
「幾」，∴的上一點，是什麼意思？

根據方以智的論點，「輪」是前後首尾銜接，
而「交」則是合二而一的短暫片刻。所謂交與輪
之「幾」，只是物物交會、緣爻觸變之「徵」。透

過「幾微」，可以描述變化可交可輪的運動關係。交輪之際的變化難以言狀，只能夠以「幾」作為「徵」，來參悟其間之「貫」的道理。

依照方以智的詮釋而言，所謂「一以貫之」、「貫二者而如環」的「貫」，實則是「變」與「易」的恆常持續狀態。在交輪幾與貫泯隨的過程中，萬物運作不止，並沒有可以測度或是計算的「一」。唯有透過「幾」作為「徵」，才可以得知變化之間的危與權的趨勢。方以智在幾處文本中，說明了這個圓∴的性質以及「貫」的意思。

關鍵的問題，就在於如何悟得變化之幾。「變」與「易」的恆常持續狀態，如何顯現了「權之始」？如何透露出「憂悔吝」者的介入？於是，物質變化中何時出現了劃分界線的「間」與「介」，何時透露出「權」之「端幾」以及「憂悔吝」者之介入，都是「質測」之後「通幾」的工作。

「幾」之「表法」

方以智所提出的分析方法論，就在於思考「幾」之「表法」。

方以智說明，爻卦的爻，意思是「交」。爻是古文的五，所指的是物物相交的四個象限以及中間

一點構成的「五」。上下兩個乂交疊，意指交錯變
動的行跡。方以智在《周易時論合編凡例》中也指
出，物物之卦爻，顯示出「所以然」之理。爻卦隨
著時間、事件而轉變，不同的時間與不同的空間，
必然會出現不一樣的方位象限關係，也會出現不同
的象數。我們可以分析的是，交輪之「幾」，如何
透露出陰陽虛實間「成能」與「所以成」的所以然
之「理」。

　　世事之變化並無定數，象數的繁複亦源自分歧
交錯的物情。觸受生心，有心而有知。「意起矣，
識藏矣，傳送而分別矣。本一而岐出，其出百變，
概謂之知。」(《東西均》)人人具全卦爻，時時事
事有當然之卦爻。緣爻觸變，隨人徵理。我們也不
能夠逕自論「心」，而要從「物」而悟得歧出百變

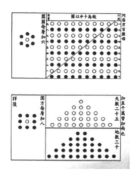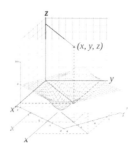

左圖為方以智父子在《周易時論‧圖像幾表》中整理的圖像之一。右
圖為作者自製 xyz 時空軸線援爻觸變的動態拓撲空間示意圖。

「所以然」的道理；這就是質測通幾的原則，也就
是物物交會而緣爻觸變的唯物辯證邏輯：「因物知
則，論倫歷然。兩行一參，無所逃於代明錯行。」
（《藥地炮莊》）象是表法之數，也是破執之法。我
們不能夠拘泥於象，以免落入我執或是法執：「執
虛理而不徵之象數者，是邊無而廢有也。執一惡
蹟，則先為惡蹟之心所礙。」只有在悟得無理之
處，才能夠自立自破，悟出無理之理，也才能夠在
無一定理之處，悟得一定之理。（《東西均》）

　　以方以智的說法，「易」便是「心」，是天地
之變化，海之於水，燈之於燭，「有何波紋光影，
不可冪積析合，使人黎然者哉？」（《東西均》〈象
數〉）方以智的「冪積析合」，就是象數的交卦以
四個象限平方倍數變化的分析。方以智父子在《周
易時論．圖像幾表》所整理的各種圖像，呈現出不
同的象數空間概念。這些交卦圖表並不是線性發展
的路徑，也不是平面的空間，甚至不是固定象限的
立體空間，而會根據不同時地人物而改變。河圖洛
書的圖示譬喻，顯示出中國古代智者對於物物交
會而緣爻觸變的動態拓撲空間視角。在不同的 x，
y，z 時空軸線之上交會的物，因其陰陽動靜的不同
象限，而展現出立體網狀空間上的不同起伏曲線。
從物出發，才能夠分析其所以然的道理，也才能夠

區辨其不必然之名教，從而破其所執，展開批判性思考。

名與法的批判

　　方以智的一而二、二而一的「上一點」，是可交、可輪、可幾的「徵」，藉著這個作為中介的「符」，我們可以辨識被固定的「名」，以及其所以然之「法」。

　　方以智當時所發展的「物論」以及他所提出的「幾」，是透露物質變化動靜虛實前後之「交」的片刻所展露的「徵」。這個「徵」，作為印跡或是標記，只是「已成者」之「陽」，而同時透露出了「餘」的運動，亦即是「能成者」之「陰」。陰陽動靜之間，持續一分為二的生滅變化，難以描述，只能夠透過「幾」的符與徵來思考，也才能夠開始思考「名」之不符「實」，進而挑戰權勢、名教與法的問題。

　　明末的政治混亂，從中央到地方的貪腐，十分嚴重。方以智對於各級官僚掌握權勢而貪汙枉法，有嚴厲的質疑與批判。名實不當，因為其中有是非，是非則是因為名實不當而空有虛名。早年在桐城民變流寓金陵之際，方以智分析天下局勢，屢屢犀利批判各級官府的收受賄賂而敗壞政風。逃將

喪師仍可以維持舊職，貪汙受贓可以只是降低職等
而不受處罰。無論是郡邑主宰地方行政、監司報考
核等級之高下、學政的錄用、巡方的糾舉，或是三
司、度支、水衡、六環十三臺、文武百官等等官
職，都是以賄賂而得。官之失德，名實不當，賞罰
無信，導致是非不一，朝廷之上各樹私利，各懷私
怨，以至於人才摧折。（〈擬上求治書〉）天下所以
不治，是因為上下之情不通。然而，方以智強調，
求治而亂不止，不必效唐虞之治。「時異事殊，去
古甚遠，三代之事，且不相及。」若要求治，必
須要求大臣讀書，以現實為對象，「求實學以濟
時」。（《浮山文集，稽古堂初集》，〈擬上求讀書
件事人疏〉）

　　晚明地方縉紳權貴橫行霸道，方以智也有清
晰的分析：「權之所集，人爭附之；豪而無忌，人
爭畏之。附與畏均之，安敢不聽耶？今夫貴幸招
權，權愈大，賂愈重，其來輻輳，如水之趨下，
終不可返。」不僅占據權勢之位，還結交黨羽，
「仰首伸眉，視天畫地」，任意訕謗，毀其所是，
譽其所非，使人不知所措。（《浮山文集，稽古堂
二集》，〈貨殖論〉）處於公卿大夫與老百姓之間
的「士」，影響最為廣泛。方以智批評當世之士，
多半不過是為了利祿，為求崇高尊顯。求取功名

時，終夜不寢，只為了「美田宅，嬌妻妾，為親戚交遊橫也」，「豪侈侵凌者謂之顯榮」，使得士人們何樂不為，以至於「貧者喪恥無節」，而富人之子則「被紈繡、飾珠瑛、金華朱蹻、車澤可鑑，驅童僕，呼於市，大率然也」。不僅如此，這些士人終日「涵酒淫佚，好利無厭，各擇其附己者為黨與，終日籌興生，為人居間，脅而剽之」（《浮山文集，稽古堂二集》，〈士習論〉）。方以智認為這些不讀書的士人造成的風俗習氣已然如此，要如何能夠期待朝廷能夠有賢良者可以擔負大任呢？

在《東西均》中，方以智有多篇文章檢討權勢、名教、仁義、儒教的問題，以及提出善於質疑的重要性，以便能夠直面所有現象背後的「法」的問題。他強調，「權者，勢之本也；勢者，利之歸也」。若無法區辨虛名，則仁義也只是掌權者嗜欲與殺奪之藉口（「反因」）。方以智批評儒教，指其弊病在於「迂而拘，華而荏」，只做道德文章，自欺欺人：「學問事功，皆不容以多偽，孰與自欺欺人而無忌憚者乎？彼非始願欺也，專主空悟，禁絕學問，惟爭儵忽以勝；勝不可得，憒憒焉以老，無可自食，不得不護此技以食」（「神跡」）。然而，不要局限於名教，便必須求實（「名教」）。若要求實，首先還必須能「疑」。「善疑者，不疑人之

所疑，而疑人之所不疑」（「疑何疑」）。要置疑，最根本的還是要掌握「疑法何以為法」之法（「疑信」）。

　　方以智所提出的問題，仍舊在如何面對時時變化中的物物交會之理。透過結合古代周易與河圖洛書的智慧以及西方質測的視野，方以智提出了一套從物論出發而與時俱變的動態拓撲模式，進而分析「義隨世變而改」的所以然之理。在這個過程中，正是這個作為兩端之間透露出發展之趨勢的「幾」，是我們必須思考的符徵。符徵作為中介的借代，其所借用之「名」及其性質與結構，以及「名」所透露的「法」的體系以及權力位置，是必須被思考與質疑點。疑人之所不疑，我們才能夠思考名實之不符，以及背後是非運作之「法」的體制之非必然性。

第三節
譚嗣同的心力說與共名批判

「心力」的歧義

　　晚清到民國初年廣泛流傳傳蘭雅（John Fryer）所翻譯的《治心免病法》中，「心力」被視為可被

馴服也須要被治理的對象，而被益智書會納入衛生學方面的教科書。

這本書的翻譯、流傳以及成為教科書，充分反映了時代的典型知識分類模式。衛生學是現代國家對於人民身體的治理管道。透過衛生的概念，人民身體的習慣可以被層層疊疊的機構所描述、規範、登錄、檢查、監視、禁制。當「心」也被納入衛生學，意味著思想與情緒也成為可辨識與區分為衛生與否的範疇，而需要被管束與治理。

梁啟超在不同著作中所主張的「心力」概念，就是亨利烏特與傅蘭雅所指涉，如同電力的「心力」，無論是思想或是德性，都是可以導引、規訓、累積、治理，而成為國家的「總資本」。「心」在國家的政治經濟學地圖中，成為重要的關鍵環節。

傅蘭雅所譯的《治心免病法》的確對譚嗣同帶來了重大的啟發，但是譚嗣同具有佛家思想的「心力觀」，與傅蘭雅和亨利烏特的基督教化心力觀，或是梁啟超計算國家總資本的心力觀，卻相距甚遠。「心力」在中文脈絡下展開的歧義與張力，成為我思考的核心。

譚嗣同的《仁學》，是他借用傅蘭雅新創詞的「心力」，來發展他源自於莊子與佛家思想的「微

生滅」概念。譚嗣同的心力，不僅遠遠逸離十九世紀基督教化以及國家政治經濟學的心力，也不同於宋明理學「依理以求，節節而為之」的心學。從譚嗣同所強調「心力」的「微生滅」，「成之、毀之、改造之」而可以「挽劫」，以及他所要消除的「心的機器」，我們可以看到譚嗣同對於「心力」的不同詮釋。

「心力」的微生滅：物質發生與思想之力的起點

根據譚嗣同的說法，「心力」必須透過「以太」的概念來理解。

「以太」只是借代之「名」，說明了「心力」的存在，含有動態的「力」的概念，也說明了物質發生流轉的性質。「以太」是作為物質最小單位的「微生滅」，是吸引聚合的「力」，事物發生的「動機」，也是本體發生與持續變化的生滅狀態。譚嗣同強調，同樣的，「心力」沒有固定本質的存在狀態，持續變化更新，即生即滅，「日日生、日日死」。心力即生即滅，是所謂的「日新」。

「以太」不只是生命發生的動因，也是思想情感發動與變化的起點。因此，譚嗣同將以太解釋為「愛力」與「動機」。譚嗣同更說，「以太即性」，「生滅行止思寂」。心思、意念與情感是流

動而不居的，人的本性因此而活潑變化。我是一，也是多。「一切入一，一入一切」。「一」指無限少，「一切」指無限多。無限少的「一」與無限多的「一切」，可以等同。一就是多，就是無限。

譚嗣同透過華嚴宗的思想提出對於「一」的詮釋，完全不同於基督宗教統合萬物的「一」。基督宗教的「一」，暗示了神以其形象造人，人承受神的恩澤流瀉，國家以其精神屬性來召喚臣民，而臣民被計算為此群體中可見性的一分子。「我們」的同心同德，使得匯聚眾人的「一」，成為同質化的整體。然而，從譚嗣同對於「以太」的討論中，我們注意到，這個「一就是多」的概念，也就是華嚴宗所討論的「一多相容」的概念，而牽涉了「我」與客體相互涵攝的狀態：「一切眾生，併而為我，我不加大：我遍而為一切眾生，我不減少。」一中有多，多中有一。一就是多，多就是一。我與世界相互涵涉，不分彼此。若我不被固定，破除主客對待，則不會有「彼」。一旦主客對立，便會有我與他之分。此處，我們已經看到譚嗣同與同時期強調「主統」與「同一」的李春生之間的巨大差異。這個差異，折射出兩種不同的政治哲學思想。

譚嗣同的最小單位「以太」作為「一」本身，便是變化不拘的「多」。「一」的變化入於無限。

個體、社會與國家都會因為「一」的變化，而持續發生重組。以太就是心力，也就是思想之力。以太既是物質之構成基礎，亦是物質不斷變化的促因。「以太即性」以及「一就是多」的概念，已經清楚指出思想與存有本體內在之無限性。譚嗣同也指出，「仁」的第一定義是「通」。以太、電、心力，是「仁」之得以「通」的媒介。「微生滅」所提供「通」的狀態，使得「我」不固置於單一認識的位置，也不會拘泥於單一認同位置。如果固著於「我」的位置，則會「妄見畛域」，只求利己，而無法體恤他人。

　　譚嗣同以相當辯證的方式，說明意識到「我」的「我」，已經是「非我」，而成為時間之流中逝去的我。「我」之內有無數個「非我」，我必然以「分裂」的狀態存在。我之內各個部分的「質點」，又有無數之「分」，近於無限。譚嗣同說，如果某人說，這麼多個質點中的一「分」是我，其他的都不是我，那麼我便已經分裂了。如果這些上萬個我都是我，我也是分裂的狀態。此處，譚嗣同提出了自在之我與認知之我之間的辯證問題。「我」有無限的質點，各部分之質點又有無數之分。若要以部分之我概稱全體，則我便是分裂的狀態；若能理解此理，便會知道「以生為我，而我

倏滅；以滅為我，而我固生。可云我在生中，亦可云我在滅中。故曰，不生不滅，即生滅也。」

根據譚嗣同的看法，「性所本無」，行動與停止之間，言語與沉默之間，思想與寂靜之間，夢與醒之間，呼吸與血脈之間，都是此去彼來，往復不已。譚嗣同所討論的「心力」，就是此生滅往復不息而不泥於名教的本體基礎。心力不被名相固著，便不至於產生暴力。至於「愛」，他則認為，不泥於體魄，不分親疏，無所愛，才不至於為「名」所遮蔽：「有所愛，必有所大不愛也；無所愛，將留其愛以無不愛也。」譚嗣同的「心力」，其實正是非我、非名、非力、共感、無愛而通的能力。

凹凸之力：思想辯證的拓撲空間

由上述以太之「微生滅」來看，譚嗣同對於「力」的態度是具有高度辯證意味的。不固著於「我」的「力」，也必然不固著於「名」所設定的層級與內外。這個「力」是不斷流動變化的力，也正是思想力與批判力之來源。

譚嗣同曾經評論中國之「亡於靜」的問題，並以佛教所言威力、奮迅、勇猛、大無畏、大雄等概念，解釋雄強剛猛之狀態。他所指出的問題，是中國長久以來缺乏思想的力量。中國治學講究寧靜、

安靜，其實是固著於對待的斷見與空見。相反的，沒有對待區分之動即是靜，靜即是動，也就是以太持續不息的微生滅。

譚嗣同以力學家「凹凸力之狀」形容各種力的作用形態，例如張、弛、推、拉、折、轉、擰、銳、速、韌、彈、總、偏、平等。他指出，才智愈大，「凹凸力」亦會引起愈大之紛爭。因此，他認為應該將此「凹凸力」用於可「通」之「仁」，才能夠挽劫。思想的力量，如何能夠在張弛拉拒之間，能夠達到「通」？以譚嗣同的說法，以太生滅不止的無形之力，貫串於天地萬物人我。思想之力，使人能夠有感，能夠知他人心意，以一身知「異域」，使得「仁」成為可能。若不仁，則己身被異化而進退失據；若仁，則陌生之地亦成為可感可知，如同己身。「既斷意識，除我相，則可泯除差異，而達平等。」透過「仁」，透過持續生滅不止的「力」，譚嗣同看到了人己我他之間互通以及平等的可能性。

那麼，譚嗣同的政治理念是什麼？按照譚嗣同的論述發展，他的政治理念，即在於非我執、非名教、非暴力的「仁」。若存有之生滅持續不斷，「道」與「法」也不會是固定不變的。對於譚嗣同而言，「道」是每一個體即生即滅、隨時更新，而

無親疏差等。

一多相容：心的無限性

心力外顯於「仁」，也就是「通」，而心力的持續發生與變化，使得「一」不會停留於固定僵化的「一」，而是一多相容，一即是多。

譚嗣同強調「一」的論點，是因為有「二」便是有我與你的二元立場，有彼此與對待的關係。個人、社群、國家與自然，都是持續發生與變化的「一」，也都是持續發生與變化的「多」。發生與變化的根基，便是「力」，或是「空」。「空」不是一無所有，不是否定存有，不是泯滅現象，而是不拘泥於形象或是名教，並容許變化的發生。譚嗣同所著重的，是存在所維持的「空」之狀態。不被占據的「空」，與持續不斷的微生滅和世界之「多」，相互映照，相互包含變化。

譚嗣同以「空」作為物質發生的基礎，是個十分重要的概念。由於「心」的空無，因此外在事物如同鏡像，都是「迭代」。因此，譚嗣同說，「心」之依據其實是「無」，「心所本無也」。心隨緣而生，或是真實，或是妄念，或是過去，或是未來。好色之心，並不在內，而是心之「棲泊」於外。心因其棲泊而引以為樂，引以為美，但是，此心終

必厭倦而轉向他物。「心之生也，必有緣，必有所緣。緣與所緣，相續不斷。強不令緣，亦必緣空。但有彼此迭代，竟無脫然兩釋。」

譚嗣同強調心與物最微細的發生與力的基點，是「由下而上」的運動，是吸引聚合的「力」，或是能量，是本體發生的動機與持續變化的生滅狀態。這個運動往復發生，使變化成為持續狀態，清楚指出內在之無限性，也牽涉了「我」與客體相互涵攝的狀態。譚嗣同強調，若以太之生滅流轉不被固定，則沒有親疏之分，更沒有名教之壓迫。以「名」與「禮」分別親疏，本體之發生流轉因此停止，則是「不仁」。「不仁」始於僵化之命名體系。所謂善惡之分，也是起於「名」之區別。譚嗣同認為實際上並沒有所謂的「惡」之存在，「惡」只是「名」的區分，是「用善者」對不依循「善」的條理法則者所進行的命名與分辨。以人我之別進行「仁」的合理化以及人倫君臣之際的規範。

「一多相容」的概念，讓我們得以理解譚嗣同對於「心」的無限性的詮釋。但是，心的無限性如何不被架空於抽象或是形而上之意識形態？那就在於譚嗣同所展開的以太概念所緊扣的心靈之物質層面。

物質層面之最小單位，就是無限發生而持續生

滅之能量，也就是他所討論的心力。人之五官的認
識與感知，如同鏡像，在萬物中顯影。存有之發生
狀態，或是思的過程、心的過程，是具有無限發生
的「思」之「多」的狀態。我與世界互為容納，映
照而生。若能不分彼此，不分親疏，不分人我，不
拘泥於形體，沒有對待與畛域，則我可以隨時流轉
生滅，人我互通。這個不以上而下的統攝，而維持
基本的發生與變化的「多」的「心力」，提供了譚
嗣同對於「共名」之惡的批判基礎。

「丰其蔀，日中見斗」：對共名與畛域之批判

　　從譚嗣同《仁學》的論述脈絡來看，一切問
題起於僵化的命名系統與畛域區分。譚嗣同與同時
代知識分子不同之處，就是他對於命名系統的共名
體系所提出的犀利批判。所謂善惡之分，是起於
「名」之區別。「惡」只是區分之「名」，是「用善
者」對不依循「善」的條理法則者所進行的命名與
分辨。譚嗣同所以要破三綱五倫，「衝決網羅」，
正是因為以「名」而規範的三綱五倫，遮蔽了本體
發生的狀態。

　　譚嗣同對於命名體系的批判，揭露了所謂善惡
之別僅只是「共名」的執行。他指出，以「名教」
來制衡倫理關係，僅是以所謂忠孝之「共名」、

「專名」，來固定對待關係。此對待關係造成之畛域分別，是巨大而不易彌合的。以人我之別進行「仁」的合理化以及人倫君臣之際的規範，則是「名」的限定。譚嗣同清楚指出，以區別人我的主觀位置而創造出的「仁」的體系與「名」之定位，其實是權勢之積累所占據的位置，卻以「天命」、「國憲」為托詞，而使人不敢逾越。「以名為教，則其教以為實之賓，而絕非實也。又況名者，由人創造，上以制其下，而不能不奉之。」但是，透過「共名」，單一名教系統與善惡區分之邏輯卻成為刑罰之依據：「中國積以威刑箝制天下，則不得不廣立名為箝制之器。如曰仁，則共名也。」

　　譚嗣同指出，正如同《易》所說的「丰其蔀，日中見斗」，「共名」之下的共同體系所設定「法」，構成了龐大的認知的結構：「此其黑暗，豈非名教之為之蔀耶？」以共名為起點的遮蔽體系，如同遮蔽光線之「蔀」，使得白日成為黑暗。在此體系之下，施政者與追隨者皆毫不懷疑地遵從此體系之「法」，並執行其「惡」，而「人不以為怪」，嫌忌、齮齕、屠殺、放逐、誅戮，「施者固泰然居之而不疑，天下亦從而和之曰：『得罪名教，法宜至此。』」此處，我們看到譚嗣同指出了「名」與「法」的內在之惡。以「名」固定事物的

狀態與關係，建立「共名」之下的共同體系，並依
此設定「法」，將不合於「法」者排除為「惡」。
譚嗣同所檢討的，正是由共居與共識之習性所建立
的認知結構與倫理意識形態。

譚嗣同指出：「中國積以威刑箝制天下，則不
得不廣立名為箝制之器。如曰仁，則共名也。」透
過「共名」，單一名教系統與善惡區分之邏輯成為
刑罰之依據。以「名」固定事物的狀態與關係，建
立「共名」之下的共識體系，並依此設定「法」，
此「法」進一步構成了認知的結構，而將不合於此
「法」者排除為「惡」。

變與平等的邏輯

相對於共名與專名，譚嗣同強調要維持心
之「微生滅」，保持「通」的狀態，也就是破除以
「共名」與「專名」所設之內外與層級，破除彼此
與我他之別，破除對待。

譚嗣同曾經比較過佛教、基督教與儒家對於
「心」的論點，並且指出，此三教不同，相同之處
在於「變」；「變」的方式不同，但是相同的是它
們所講求的「平等」。譚嗣同的政治觀，從他對於
「平等」以及「變」的討論中，已經很清楚地呈現
出來。譚嗣同提出以井田之制代替君主制與民主

制，賦予紳權以治理鄉里；他也指出，理想之世界大同必須是無國、無教主、無君主、無民主的平等之境。譚嗣同關於以井田之鄰里社群為治理單位的想像，是一種無政府或是小政府的自治理念。

譚嗣同在非常靠近亨利烏特、傅蘭雅、梁啟超或是康有為等同時期中國知識分子論述時，卻根本地遠遠岔離了這些主流論述。為何他的論點出現了此種根本的逸離呢？我認為關鍵處在於譚嗣同所理解的本體論以及內在的無限性。這個內在性的無限，是建立於本體的發生，以及此發生狀態中思想之「力」的辯證、名實之虛構與一多相容的概念。這些論點回應了歷代政治哲學所思考的「一」與「多」的辯證問題，也反省了政治與倫理的本體論基礎：群體之內的多數個體已經被群體的「一」所統攝？還是個體本身就可以是無限的「多」？

譚嗣同尖銳犀利的批判，讓我閱讀時震撼不已。章太炎所說的「譏上變古易常」，則更令我折服。譚嗣同的政治思想使他在戊戌變法事件中被清廷逮捕處死，年輕早逝。章太炎為了他的批判精神，而兩度入獄。然而，他從1890至1920年代持續撰寫的政治思考，則累積了重要的思想資源。

第四節
章太炎的譏上變古易常與批判史觀

章太炎隨著時代展開的政治哲學

　　章太炎處於十九世紀末至二十世紀初期中國經歷革命、結束封建帝制、建立共和政體，以及北洋政府軍閥割據的巨變時刻。在革命前後，章太炎被迫逃難家鄉、兩次被不同政府囚禁，加上他目睹政黨紛爭、軍閥奪權、大總統與中央政府權力過於膨脹的問題，讓他清楚看到權力爭奪與組織內部矛盾的問題，因此他反覆分析並且檢討革命黨成為執政黨的問題，以及國家與人民、中央與地方、法與生命之間的根本矛盾。

　　從1897年開始，章太炎開始先後在《時務報》、《經世報》、《實學報》與《清議報》發表一系列文章，包括〈後聖〉、〈儒道〉、〈儒兵〉、〈儒法〉、〈儒墨〉、〈儒俠〉等重估儒家的文章，以及〈商鞅〉、〈弭兵難〉、〈客帝匡謬〉、〈分鎮匡謬〉、〈正仇滿論〉、〈征信論〉、〈駁康有為論革命書〉等，駁斥康梁等人尊清與立孔教的論點，後來編訂為《訄書》。

　　「訄」意指以言相迫。《訄書》中每一篇文章都是針砭議論之文，充滿匡正時局觀念的熱情。章

太炎因戊戌變法以及宣揚民族主義革命，被清廷追捕而避居臺灣（1898-1899）與日本橫濱（1902），先後與梁啟超、康有為、孫中山等人結識。返國後參與愛國學社，在張園發表革命論點，與改良派展開針鋒相對的論辯，替鄒容的《革命軍》作序，而因《蘇報》案被捕入獄三年（1903-1906）。出獄章太炎創辦同盟會機關報《民報》，在辛亥革命前繼續發表一系列重要政治理論，包括收錄於《訄書》的〈中華民國解〉、〈五無論〉、〈國家論〉、〈四惑論〉、〈秦政記〉、〈秦獻記〉，以及《齊物論釋》、《文始》等文章。革命成功後，章太炎批評同盟會以革命黨建國而一黨獨大，與孫中山發生齟齬，更因衝撞袁世凱，直指其包藏禍心，而被幽禁三年（1914-1916）。在此期間，章太炎大幅修訂了《訄書》，改編訂為《檢論》，也再次修訂了《齊物論釋》、《國故論衡》、《文始》、《新方言》等重要論著。1922年，章太炎陸續主講了國學講座，包括國學大概、治國學方法、經學、哲學、文學等論題，彙編為《國學概要》。

　　我認為，章太炎早年關於華夷之辨或是國粹激勵種性的論點，必須放回到他的歷史脈絡以及前後發展的論述中重新理解。如果更為準確地掌握章太炎思想體系中對於「觸相生心」與「分支復變」的

認識論批判，對於「萬物皆種相互緣起」的動態本體論詮釋，以及對於「各有時分、與時差異」的批判史觀，就不會執泥於章太炎早期針對階級差異而論的華夷與種性之說，更不會固著於所謂的「國粹」的問題。章太炎長年所研究的史學、經學、小學、諸子學、文學與佛學，使得他得以重新詮釋莊子，也凸顯了莊子的政治性。所謂「國粹」，看似保守而殊異，其實與革命前後章太炎隨著不同階段所面對的不同社會狀況與時局難題而展開的政治理念密切相關。透過1914至1916年修訂的《齊物論釋》，我們更可以全面觀察章太炎逐漸深化他的政治哲學思想，以及他所提出的「議上變古易常」的思想。

扼要而言，章太炎所提出從主觀觸受到成心串習的迴圈，解釋了身體的感受性如何被時代的主觀位置以及庸眾共循的運作模式所局限。這個詮釋角度除了說明阿岡本的範式概念，也說明了從海德格的「座架」（*Ge-stell*），阿圖塞的「話語機具」（apparatus of discourse），傅柯的知識型（*épistème*）、歷史先天（*a priori historique*）以及真理機制（régime de vérité）。以這些概念來理解，一個時代有其內在的符號秩序以及合理化論述的理性內核。這一套話語機制除了有自我證成、鞏固與

擴張的傾向，也有配合同時代政治目的與功能，而進行內外劃分與排除，背後更有被神聖化而不被置疑的劃分法則，預設真理，也牽動了主體認同自居的政治位置。

要解除這種名相執著與畛域僵固的歷史詮釋，就章太炎而言，就必須認知歷史的互為緣起與動態生成，也就是「前有後有，推蕩相傳」、「展轉相生，有無窮過」，以及「作」與「緣起」的相互關係，以便理解歷史的發展是萬物互為種子的辯證過程，並不會固定依循原初起點而進行線性發展。認清以名為實的謬誤，承認文言如同鳥跡縠音，只是以名為代，才能夠透過滌除名相的否定性過程，解除被觀念物化的認識模式。更重要的是，只有滌除名相執著，質疑「神聖不可干」的舊章常道，才能夠接受「吹萬不同，使其自己」，而以「物」之「齊」，返回「物」的發生的最初發生起點，接受萬物自己的樣貌。

「心」：萬物皆種無盡緣起的本體論

章太炎在《齊物論釋》中，以「藏」與「執」作為心體，說明觸受生心與分支復變，如何建立了認識論的基礎，也說明了本體狀態的無盡緣起。

「心」作為「本體」，並不是不變的實體，而

是不斷在因緣際會中，相互為種子而互為因果、無盡生發的存有狀態。章太炎以佛教經典說明，心體就是第八識，也就是藏識，以身攝受藏隱，是一切種子識，是身體所收攝聚集所有色聲香味觸等感受，而積集滋長的「心」。章太炎指出，莊子不同篇章中所提及的靈府與靈臺，都是指「心」。一切的「知」與「見」，由之以發，每發而不當，與心不相應，每每更迭，「恆轉如暴流」。

章太炎以此為基礎，說明莊子《齊物論》中子綦所提出天籟與地籟的差別。地籟所吹有別，天籟則所吹不殊。地籟中萬竅怒號，各不相似，原因是各有「相名」、「殊形」，而「分別各異」。天籟中「吹萬不同，使其自己」。「吹萬者」即為「藏識」；「萬」是藏識中的一切種子，是「相」的本質，「使其自己」則是指有意根，可以自執藏識而成為「我」。

觸受成心最根本的「一分為二」辯證過程，便是在「識」已經有內在「相」與「見」之二元向度。根據《攝大乘論》的論點，任何「識」都已經立即有一分為二的變異，然而這個「相」與「見」的二分，不即不離，相互流轉依存。以意識分別的「相」，是在外的「相」。天籟「咸其自取」的「自取」，說明了自心以現量取相，而不執著於在根識

以外的「相」。既然沒有外界，則「萬竅怒號，別
無本體」。這個「吹萬不同，使其自己」的天籟，
就是心體的諸般存有本體狀態。

「際」：觸相生心與分支復變的認識論批判

　　無論是莊子或是章太炎，都並沒有停留於對
於這個相互流轉而相互依存的無盡緣起，而尖銳地
指出，正是在這個「相」與「見」一分為二的最初
時刻，「名」之迭代便會發生，也衍生出「物」之
「際」以及畛域邊界的我執與法執。

　　章太炎引用莊子《北遊篇》「物物者於物無
際，而物有際者，所謂物際者也。不際之際，
際之不際者也」的說法，指出「物」就是「相
分」，「物物者」意指形成「相分」者，亦即是
「見分」。物物者與物無際，意指相見二分，不即
不離。當相分自現方圓邊角等形象，則是「物有
際」，畛域已分，邊界以成。一般人無法辨識「相
分」與「見分」原本為一，而執著於畛域分際的成
心。此心如是生時，就會有如是影像出現。「見」
在其自見自知的主觀局限之下，反覆循環，雖然是
「獨喻之情」，實際上卻是「庸眾共循之則」。這些
「以己自己取者」，假設了「我若是」的存在，但
是，章太炎指出，最根本的問題則是「何有我」。

　　章太炎以《齊物論》中「大知閑閑，小知閒閒」一段文字說明主觀觸受與分支復變的感知模式。章太炎解釋，「知者」是「接」與「謨」。「接」是個人的感官觸受所得，「謨」是「從規摩義」，也就是「想」。感覺與思想，起於人對於外界事物的接觸、攝取、感受，進而規摩、謀慮、取像，從而展開思想。在這個觸受感知的過程中，大知與小知的差別在於廣博與間別。大知兼有藏識與廣思，小知則五識不能相代，意識不能有二想。執著於觸受的主觀性，受到「庸眾共循」的法則所影響，「能取」與「所取」交加相疊，而順違無窮。

　　章太炎指出，觸相生心。有觸、作意、受、想、思，是唯識學的五法。從「有觸」發展的是非判斷，就是「作意」。這些感受、思慮、取像等程序，所謂的受、想、思，更會以名為代，循環反覆，以至於人們的是非判斷發如機括，如箭在弦上，不得不發。遵守這些準則，又如同下了盟誓，不敢違背，而不知道這些是非善惡判斷是從什麼起點產生的。這些名相與邊界，世人「執箸為實」，已經遠遠脫離了天籟的範疇。「觸相生心」都是「剎那見」，如果堅持「眾同分心，悉有此相」，便會有眾人同心之假相，並以眾人共有的感受為實在，而產生了這個庸眾共循的法則，甚至出現了

以「私」為「公」的判斷，宣稱這是順應時代公理的衡量尺度。此處，章太炎已經說明從無盡緣起的本體論，如何納入了觸相生心而執箸為實的名相分別，甚至以一私之見，作為公眾之法而造成的謬誤。

萬物變化的時間過程，是一個重要的概念。章太炎以「時」，來解釋觸受是非判斷的私人感受之「分」。「各有時分」，意思是指每一個人處於不同的時間當下，處境與過程不同，感受也不同。「時」是屬於個人的，當世人宣稱「時」為眾人的公器者，「時」已經被利用。若要以自己的主觀判斷制定衡量標準，便是「強為契約，責其同然」，如同「以尺比物，定其長短」。觀點不同，長短不一，「竟無畢同之法」。「二人各有時分，如眾吹竽，同度一調，和合似一，其實各各自有竽。」「時分總相，有情似同，時分別相，彼我各異。」若要以個人之「私」作為公共之理，庸眾共循，則是明顯的謬誤。

《齊物論》所呈現與接為構、日以心鬥、順違無窮的循環之下，「與物相刃相靡，其行盡如馳，而莫之能止」，就是莊子分析自動循環的名相機制，也是章太炎在莊子的批判性思考之下所發展的認識論主觀局限的分析起點，更是章太炎批判史觀

的基礎。

緣起本體論

　　章太炎從莊子《齊物論》中的一段文字，進一步說明介於觸受與表象之間，蘊含了萬法成心種子以及分支復變的心量，並以「成心」、「彼是」、「道樞」，說明呈現世識、處識、相識、數識、作用識與因果識。

　　章太炎指出，這段話可以透過佛教所討論的概念，說明藏識所包含的世識、處識、相識、數識、作用識與因果識。「世」與「處」勾勒出時空的向度。「世」意指現在、過去、未來，也就是時間概念。「處」意指點、線、面、體、中、邊、方、位，也就是空間概念。「相」意指色、聲、香、味、觸，也就是五官感受，呈現了主觀觸受的向度「數」意指一、二、三之間的關係，說明了物與物之間「量」的關係。世、處、相、數這四個因素構成了感受性世界的相應層面。至於「作用」與「因果」，則揭示了物與物交會時的運動方向與各自的潛勢，以及此交會因緣促成的後續發展。「作用」是事物的運動，也就是「有為」；「因果」則是「彼由於此，由此有彼」的因緣關係。任何事物的差異或是節序的遞遷，都是以名為代，心所自取。

成心即是種子。有相分別，也是名言所致。章太炎
以這個複雜而相互作用的觀念，說明物與物在客觀
時空以及主觀經驗交會的同時，彼此皆為相互之種
子，互為因果。

　　觸受與成心之間，出現了「有相分別」與「無
相分別」的差別。有相分別以「言」而計，則大小
長短多寡歷然有分。但是，這只是妄起分別。章太
炎強調，莊子雖然在不同篇章中反覆展開了無我、
無己的概念，但是，並不意味著原本就無我與無
己。章太炎說明莊子所提出的「無」的概念，是
物質之「無」，不是心量之「無」。心量是無盡持
續的作用。如果原本就沒有「我」，那麼也不會知
道有「彼」，也就是「非我無所取」。若是無我，
則會是「槁木枯臘」。反之，如果沒有觸受相對關
係中的「彼」，則無法自知有我，也就是「非彼無
我」。心量的「動」以及相互為種的緣起作用，說
明了世、處、相、數、作用以及因果這些交錯軸線
之下，心量具有無限能動性的關鍵意義。莊子所提
出的，是「彼」與「我」之間互為因果的辯證關
係。然而，章太炎所強調的，則是「身」與「心
量」之間的「動」與「作」。

　　章太炎指出，人我與法我的二執，就是種子
與緣起。我執與法執的背後，觸受成心與名言分支

復變的路徑，其因緣難以推理得知。推到最後，無論萬物或是細胞，都只能接受「是」則「動」的理解。背後並沒有第一因。換句話說，有生命，就有「動」，也就有後續的因緣成毀。「動」本身便是生滅成毀之因。「成毀同時，復通於一」，義界、因緣、實質三種解釋事物的三端，一旦成立，也就是其毀破之時。莊子《寓言篇》「卮言日出，和以天倪」，「萬物皆種也，以不同形相禪，始卒若環，莫得其倫，是謂天均。天均者，天倪也。」「天均自相，性離言說，一語一默」，就是所謂的「兩行」。討論文字的「義界」，頂多都是「以義解義，以字解字」，輾轉推求，更互相訓。但是，文言「以名為代」，如同鳥跡鷇音，而「物」與「指」皆是「非境」。用來解釋字的字詞本身仍未定義，若要追溯因果關係，甚至探索實質，則亦不可得。無論是定義因果或是實質，都是「成毀同時」，暫時成立而同時已經毀破。

　　章太炎以莊子「萬物皆種以不同形相禪」的觀念，說明了法藏「無盡緣起」的本體觀，進而以「動」與「行」來解釋「空」與「緣」的辯證關係。持續運作的心量，以「身」之觸受，生成不斷的名相迭代，也可以透過「無」的運動，不斷解消物質性的我執與法執。「空」是容納萬物無盡流轉

交會的「緣」得以發生的轉圜空間。萬物交會而相互促發，互為種子，以不同形態遞嬗。「結生相續，動無初期，動之前因，還即在動，成之前有，還即是成。」因此，「空」也意味著種種成就皆依於「動」。「動」就是「行」，此生彼滅，成毀同時。章太炎關於「空」與「動」的說法，根本地取消了單一本源的假設，也帶出了歷史持續變化相互緣起的運動狀態。章太炎更以「前有後有，推蕩相傳」，「展轉相生，有無窮過」，以及「作」與「緣起」的相互關係，說明了歷史過程不會固定依循原初起點而進行線性發展的道理。

然而，歷史的無盡緣起，卻會在觸相生心而名相迭代的過程中，形成了各種以「私」為「公」的公理，強為契約，壓抑了各有時分的「心量」。只有認清此「分別」的妄見，是世識與處識的時空因素所造成的分支變復與執箸為實，才有可能脫離主觀觸受與庸眾串習的循環制約。

批判史觀：譏上變古易常

我們從章太炎觸受與名言之間分支復變的說明主觀認識局限的分析，以及無盡緣起的歷史本體論出發，可以進一步歸納出章太炎歷史化的批判史觀，以及他指出「與時差異」、「以名為代」，而

批判「名教串習」、「舊章制度」的論點。每個人有不同的時間當下以及不同的主觀觸受，然而主觀衡量卻被當成客觀的標準法則。所謂契約、尺度、是非、判斷，雖然似乎是客觀法則，實際上卻是主觀使然。個人的是非判斷，是因其所感受的習慣順適或是違逆不適所致，根本上仍舊是庸眾共鑒而成之串習。以每個人所處的不同時分以及殊異觸受而言，並沒有同一的法則可以援用。因此，章太炎說「道本無常，與世變異」，如果執守一時之見，「以今非古，以古非今」，或是「守舊章順進化」，則是「未喻斯旨」、「一孔之見」。

章太炎進而指出，昔人所印是非，與今人完全不同。有人以漢律來論斷殷人，或是以唐代的標準來判斷秦朝官吏，是完全不了解史書所記之事都只是昔人是非之印記，代代不同。老子說「道可道，非常道」，常道不可被陳述與規範，更不是不變的法則，然而董仲舒卻宣稱「天不變，道亦不變」，因此章太炎譏嘲董仲舒與老子之間「智愚相懸」甚巨。

歷史並不只是無盡的緣起流變，而有其不斷形成的典章制度與庸眾共鑑的串習，更有其抹除各有時分之觸受心量的暴力。正如章太炎所強調，「文之轉化，代無定型」，人與人之間有其主觀觸受順

違之別，歷史隔代之間更沒有同樣的準則。章太炎
對於主觀觸受各有時分與庸眾串習執著成見的分
析，契約尺度並無「常道」之觀點，以及對於「舊
章」、「先王」甚至「天」之質疑，都讓我們看到
他的批判史觀的立論基礎。人習慣皆以自己的觀念
自證，而並不了解他人的論點。他人論點已經對應
了他人觀念中的「我」，然而這個「他人之我」僅
只是「計度推之」，並沒有實際審視而證知。我所
認知的他心與彼心，也同樣只是計度推之。他所推
度的「我」與我所推度的「他」，無法交集，總有
「障隔」，是非爭端隨之興起。

　　為了說明名相障隔以及以名為代「執箸為實」
的問題，章太炎也討論了「指」與「物」之間的
悖論。「文則鳥跡，言乃鷇音，等無是非，何間彼
我。不曉習俗可循，而起是非之見，於是無非而謂
非，于彼無是而謂是，木偶行尸，可與言哉！」這
個線索便帶我們回到言文的歷史化脈絡。章太炎指
出，若要滌除名相，首先還要釐清「指」與「物」
的問題，其根本則在於「相」、「名」、「分別」的
問題。如果無法破除名家之執，則封畛已分，無法
參透齊物的道理。「人各有心，拂其教條，雖踐屍
喋血，猶曰秉之天討也。」以批判觀點視之，其中
問題關鍵，便在於「名」之迭代與固著。後世學者

不明白歷史脈絡之差別，反而執著於派系立場的對立：「儒家法周，墨家法夏，二代嘗已小成榮華，而其是非相反，由是竟生部執，如負重仇，還以其情明其自謬」。這就是莊子所說的，「言更相彼，言各自是」的問題。這種執著於一時一地的是非印記，依循舊章常道，作為不可違逆的衡量尺度，甚至在歷代書寫中持續交相攻擊，而形成了無法化解的「黨伐之言」。面對隔代言文相異而觀念上對立陣營各立黨派的問題，章太炎提出唯一可以突破障隔的思考路線，便是莊子所說的「得其環中以應無窮」的樞紐，「如戶有樞，旋轉寰內，開闔進退，與時宜之，是非無窮，因應亦爾」，如此才可以說明諸法平等以及物物相互緣起的齊物概念。

　　章太炎認為，莊子所提出「不言則齊，齊與言不齊，言與齊不齊」（《寓言篇》）的說法，不僅反省了「指」與「物」以及「文」與「言」的悖論關係，實際上更提出了「物」的根本平等概念。從名出發的「名尋思」，由名見名，由事見事，由自性假立尋思而見自性假立，由差別假立尋思而見差別假立，「以論攝論」，如此迭代，已經無法返回「物」之「齊」的起點。因此，若要思考「心」如何能夠不陷入「名」的畛域劃分的問題，只有承認名相之「成毀同時」，「名實本不相依」，才有可

能思考「言」與「義」的問題，也才能夠批判性地反省「道」之常變，以及「文之轉化，代無定型」的問題。

「一與言為二，二與一為三」：「一者本名，二者引申名，三者究竟名。」本名其實已經沒有所依，其所孳乳派生的字也無所恃，如同「畫空作絲，織為羅縠」，因此，「言」與「義」不相稱。此外，「一所詮上有多能詮」，人的意念天馬行空，其所攀附取擷的事相「廣博無邊」，並無法掌握其「究竟名」。章太炎指出，如果執著於「名」而稱之為「實」，或是狂人任意使用「名」而指其為「實」，兩種態度殊途同歸，都只會造成更大的混淆與障礙。

齊物：諸法平等

透過章太炎的緣起本體論，具有藏與執的第八識，也就是心或是靈府、靈臺，如何在因緣、動、作、緣起成心而分支復變之下，能夠如戶有樞，以其環中開闔以應無窮，如同聽之以氣、虛而待物的「心齋」，就是重要的問題。

章太炎說，莊子《人間世》的心齋，聽止於耳，心止於符，氣虛待物，是佛教所說的三輪。心齋指諸法無所罣礙，隨其所宜。聖人「以百姓心

為心」，「野者自安其陋，都者得意於嫻，兩不相傷，乃為平等。」打破執箸為實的名教串習與舊章制度，才能夠接納諸法平等的萬物，思考根本的齊物平等，並且了解彼此以及我他都是相互依存與相互構成的關係，也就是唯物辯證的往復運動。這種唯物辯證的運動，正是對於任何固定觀念與僵化體制進行批判的動力起點。

從莊子到章太炎，我們看到了「虛空」的批判性動能：「聖人」以「公共」為考量，以百姓心為心，讓自身保持為虛位。正如章太炎所討論的「身與患俱」，以「身」的感受「體度物情」，如此便有可能以主體性的位置介入，質疑既定之法，批判占據公器的「私」。這個批判性與政治性的介入位置，正是莊子以降，透過歷代批判思想譜系沉澱，並且再次活化於章太炎的批判思想傳統。

生命與法的悖論，在於生命原本各有時分，諸法平等，卻被以私為公的法所箝制。章太炎所提出的「諸法平等」，其實是要消除任何神祕思想的「蠱」，置疑任何形式的神聖化與私有化所進行的劃分。君主之獨貴，意義在於不徇「私」，而維繫「法」之為「公」。無論是黨派勢力或是地方權貴，只要是以私人利益介入「法」之機具，這個機具自然都會被法吏官僚所操縱轉移，而服務於

「私」。「法」是為公共而設置的一整套機制，不應
受到任何勢力之「私」所介入與壟斷，包括國家理
性與國家官僚之「私」，也包括超越國家範疇的跨
國資本集團之「私」。馬克思所構想的自由社會或
是自由人聯合體，正是指從各種意識形態、僵化觀
念以及階級劃分中解放的自由人所聯合構成的共同
體，這也是我們必須重新認真思考的方向。

　　就方法論而言，章太炎面對法與生命的悖論，
必然會思考語言根本之法的問題，並且展開了具有
批判性的史觀。章太炎提出的認識論主觀局限、名
實不依的表象結構以及辯證緣起的本體論，使他可
以指出「文之轉化，代無定型」，挑戰被執箸為實
的名相與法理，揭露順違串習與庸眾共識背後的權
力結構，批判以一時之利假私心為公器。從此處出
發，章太炎可以進而從根本處分析國家組織的動態
本質，質問代議制度、中央政府、大總統甚至國
憲，而提出三權分立以為制衡以及地方自治的治理
模式。人民與國家之間的結構性矛盾，或是生命與
法之間的悖論，只有透過這種根本性的分析，才能
夠在不同的歷史時間點，面對治理人民的不同政府
組織與法律運作，提出批判性的質疑。

　　章太炎參與了康有為、梁啟超以及其同時代人
的情感結構。不過，有別於當時大多數人的國家觀

與倫理政治經濟學，章太炎的思想深入地檢討了作為組織以及作為概念的國家，而重新定義了一個動態國家。

章太炎在〈國家論〉（1907）中提出，國家並沒有實體，而是由變動的人民所組成的。人民與國家的關係如同線縷與布帛，線縷經緯相交，在動態關係中組織成布帛，而人民也在動態關係中組織成國家。「一線一縷，此是本真，經緯相交，此為組織。」「其組織時，惟有動態，初無實體。」章太炎進而指出，國家的制度法律也有變更，歷代不同。章太炎以河水為比喻，說明雖然河床千百年沒有改變，其所容受的水日日不同，但是所謂河床其實只是「空處」：「以空虛為主體」，國家便是容受日日不同的水之「空處」。

我強調這個批判路徑，是為了要提出一個可以持續批判國家之「組織」與「法」的思考基礎，也要提出可以重新思考的國家概念。這個國家概念不是被抽象概念公約化或是法律規範的共同體，而是持續期待「未萌芽者」的動態結構，容納不同時分者的平等共存。章太炎以生命本身的「諸法平等」而「不齊為齊」的前提，檢討「時」與「位」交會處之權勢結構，釐清「法」的成文以及文質的張力。這種批判史觀正可以鬆動被執箸為實的名相以

及僵化的組織與觀念。

　　更重要的問題是，如果沒有這種批判立場，如果不以解構的方式重新思考「國家」，或是思考一種「公共」的社群，那麼歷史便會被既存的國家體系片面地詮釋與敘述，人民也會被既存的國家體制依一時一地被固定之法所限定與劃分，甚至成為無分之分。這個共同體的各方面也都會更為輕易地被權力占據者縱向與橫向地壟斷，而被壓抑的人們更無法尋得出現的空間。

　　在章太炎緣起本體論的理解之下，以批判性史觀維持國家之作為「空處」，以虛待物，不以主觀意識占據擴張，則成為了政治性的責任——接待他者的責任，等待其「未萌芽者」的責任。本書認為，這就是章太炎為我們提供的政治性思考資源。

　　從「觸相生心」與「分支復變」的認識論批判，「萬物皆種相互緣起」的動態本體論詮釋，到「各有時分、與時差異」的批判史觀，我們看到了章太炎的政治哲學，甚至可以說，章太炎延續了《春秋》的「譏上變古易常」史筆，使他能夠提出代無定型、不循舊章常道的論點，持續質疑語言之「法」的固著傳承與積澱，並且回到歷史脈絡的歷史化工作。章太炎所謂「得其環中以應無窮」的心量，其實正是能夠不斷運動作用而突破名言障隔的

生命之力，也是思想之力。這個持續運動作用以及挑戰認識論局限的思想之力，就是阿圖塞辨識「認知─誤識」認識論障礙的思想革命，巴里巴爾進行的邊界批判，洪席耶與巴迪烏挑戰計算理性的思想「扭轉之力」，以及阿岡本對於話語切割機制神聖化的置疑。

第五節
小結：思想拓撲空間的例外與空集合

在第一章關於心態史拓撲學的定位說明，我提出了動態三環相扣的拓撲環節概念，說明心態史拓撲學的地形變化以及同位延續的問題。這個相互依存的動態空間，牽動著主體所在時空的想像認同位置，時代性的符號世界，以及不斷變化的真實物質空間：身體／主體位置，社會／符號法則，歷史／持續變動的現實空間。這三個向度的運動軸線上，每一個點都是由無限的子集合所構成，都有不可預測不可限定的空集合，也都會因為時間延展以及偶然遭遇的不同身體，而撞擊出不同的發展方向。

拉岡所討論的黏扣點，或是巴迪烏以拓撲集合概念所說明的「點」到「點」的運動，都牽連了

主體分裂的切割機制以及背後的拓撲空間。切割機制受到認識論所限定，也由不同時代的名與法所固定。但是，由於每一個「點」的「空」是不可限定的，而這些變數所顯現的正負向的雙重運動，也牽動了複雜的正負並存的底層空間。這些「點」的岔出之處，便是思想力度透過扭力開展出新的例外空間的痕跡。

　　方以智在明亡之後十五年間所思考的「均」與「餘」，分析「義隨世變而改」的所以然之理，可徵之「幾」，幾之「表法」，提出對於名與法的批判，「疑人之所不疑」，進而「疑法何以謂法之法」，是我在所看到的思想力度與開展的例外空間。同樣的，晚清譚嗣同所反省的心的凹凸之力，指出「丰其蔀，日中見斗」，而進行對共名與畛域之批判，提出「通」、「變」與「平等」的邏輯，以及章太炎貫通史學、經學、子學與佛家思想的「譏上變古易常」政治哲學，關於萬物皆種無盡緣起的本體論，觸相生心與分支復變的認識論批判，以及諸法平等的論點，都讓我一再看到思想力量所扭轉而發生的新的空間，新的詞彙與思考的方法論。這些思想的例外空間，以及方以智、譚嗣同與章太炎所提出的方法論，也是分析歷史拓撲以及感性拓撲的思想力量，更是拓展藝術創作的美學力量。

跋

　　我無法為這本小書寫結論，而僅能夠以「跋」作為暫時的過渡的門檻，說明階段性的收尾，以及另外要展開的思考工作。

　　我的知識工作不斷讓我自問：我們要如何面對當代？如何理解歷史？

　　佛洛依德與拉岡教導我們如何思考主體與語言的複雜關係。從拉岡的主體拓撲學以及想像界、象徵界與真實界三環相扣的動力空間，到阿圖塞、傅柯、阿岡本的話語權力拓撲結構，以及巴迪烏的拓撲集合空間，我們更可以解釋局部與整體的迴轉牽動的動態體系。拓撲三環結構一則說明了知識、權力、主體的拓撲辯證結構，再則也說明了政治、歷史、主體的辯證關聯。唯物辯證分析，則讓我們思考社會空間符號法則一分為二的劃分邏輯。

　　面對臺灣，思考中文脈絡的時代難題，隨著過去一系列的研究，我摸索出了理解當代與歷史的複雜路徑。我從臺灣解嚴前後看到的認同衝突與情感撕裂，回溯戒嚴時期以及日治時期的文化心態，重

新探索二十世紀上半期民族主義的熱情，檢視十九世紀中後期東亞現代知識場域的全面轉型，又回到了冷戰時期一分為二的偶然與必然。我逐漸發展出了心態史拓撲學的方法論。每一個時代的藝術家、詩人、思想家、劇場、電影、文化論戰、文化政策，都帶領我進入了複雜交錯而相互撞擊的脈絡；每一個篇章，也都引領我走完一個又一個從認識論範式到感覺結構的辯證迴圈。

我看到現代國家各種暴力的合理化、體制化與法制化的話語結構，如何在前一個世紀知識範式轉型之際，以倫理政治經濟學的模式，被晚清知識分子積極而自發地全面接收，又被現代國家知識分子以及政治領導者一再闡發與複製，並形成了「心的治理」操作。在這些符號混成與知識混成的倫理政治經濟學，在全面滲透的漫長過程中，成為數個世代的治理模式、心態習性與共名共識。我也看到同屬於後內戰與後二二八世代的陳界仁與吳天章，以後遺的方式，不斷藉由身體性的展演，讓圖像說出自己曾經或是未曾參與的歷史過程，質問這個歷史過程的壓迫性結構。同樣的，從日治時期到戒嚴時期或是後戒嚴時期的超現實主義詩人，也都曾經以曲折迂迴的文字偽裝，說出難以言說的現實。

這個過程說明了我提出的心態史拓撲學與唯物

辯證方法論：身體是心靈啟動的感受源頭與載體，
而物質世界是心靈的話語作用與機構體制的實踐場
域。每一個世代的感受、思想或是心態結構，都源
於身體在特定歷史時空所承受以及依循的符號法
則，以及從而展開層層複疊的觀念、法令、制度、
機構，並且受到這種體制性物質現實的反向牽動，
而模塑出心靈的感受結構。我在這本小書中所展現
的心態史拓撲學，就是依循著唯物辯證的迴圈，說
明感性拓撲、歷史拓撲以及政治拓撲三環扣連的拓
撲空間如何在不同的歷史時空中發生。

在這個漫長的過程中，我一再地意識到，所有
主體所涉及的問題，首先仍舊還是從語言出發。我
必須在中文的脈絡下，思考是什麼邏輯造成了語言
展現的效果，以及語言如何自我闡釋與自我複製，
擴散於同時代以及下幾個世代的心態結構。

隨著這個思考的路徑，我也逐漸深入方以智、
譚嗣同與章太炎所打開的空間，重新閱讀莊子、老
子、佛家所啟發的古典中國思想。透過這些思想家
所提供批判思考的力量以及方法論，我再次認識
到，只有清楚辨識歷史時空下物物交會之偶然性、
名與法的不必然性，才有可能破除名相執著，進而
挑戰共名所帶來的壓迫與不平等：這是思考諸法平
等的唯一可能性。重新思考古典中國思想的政治批

判力量，讓我看到了老莊以及佛家思想如何被賦予新的力量，而使歷代思想家在變動的亂世之中，能夠以強而有力的思考回應時代的難題，創造了新的觀念與新的詞彙，也開啟了新的思考路徑。

這本小書替我過去多年的工作做了一個階段性的小結，也開啟了我繼續探索的好奇心。我仍在繼續這一條思考與探索的路徑。

知識叢書 1141

心態史拓樸學：如何面對當代？如何理解歷史？

作　　者 —— 劉紀蕙
人文科學線主編 —— 王育涵
特約編輯 —— 蔡宜真
責任企畫 —— 林欣梅
校對 —— 劉紀蕙、蔡宜真、胡金倫
美術設計 —— 江孟達工作室
內文排版 —— 立全電腦印前排版有限公司

總 編 輯 —— 胡金倫
董 事 長 —— 趙政岷
出 版 者 —— 時報文化出版企業股份有限公司
　　　　　　一〇八〇一九 台北市和平西路三段二四〇號七樓
　　　　　　發行專線／（〇二）二三〇六六八四二
　　　　　　讀者服務專線／〇八〇〇二三一七〇五
　　　　　　　　　　　　　（〇二）二三〇四七一〇三
　　　　　　讀者服務傳真／（〇二）二三〇四六八五八
　　　　　　郵撥／一九三四四七二四時報文化出版公司
　　　　　　信箱／一〇八九九臺北華江橋郵局第九九信箱
時報悅讀網／ http://www.readingtimes.com.tw
時報人文科學線臉書／ https://www.facebook.com/humanities.science
法律顧問／理律法律事務所 陳長文律師、李念祖律師
印　　刷／家佑印刷有限公司
初版一刷／二〇二三年十二月十五日
定　　價／新台幣三六〇元
（缺頁或破損的書，請寄回更換）
ISBN：978-626-374-506-3（平裝）

心態史拓樸學：如何面對當代？如何理解歷史？／劉
紀蕙作. -- 初版. -- 臺北市：時報文化出版企業股
份有限公司, 2023.12
　　面；　公分. -- (知識叢書；1141)

ISBN 978-626-374-506-3(平裝)

1.CST: 政治思想 2.CST: 歷史哲學 3.CST: 文集

570.11　　　　　　　　　　　　　　112017573

ISBN 978-626-374-506-3
Printed in Taiwan